化学教学创新
与教师专业发展思考

冯　超◎著

中国出版集团　现代出版社

图书在版编目（CIP）数据

化学教学创新与教师专业发展思考 / 冯超著. -- 北京 ：现代出版社，2022.4
ISBN 978-7-5143-9830-4

Ⅰ．①化… Ⅱ．①冯… Ⅲ. ①中学化学课－教学研究－高中②中学化学课－师资培养－研究－高中 Ⅳ.
①G633.82

中国版本图书馆CIP数据核字 (2022)第048841号

化学教学创新与教师专业发展思考

作　　　者	冯　超	
责任编辑	田静华	
出版发行	现代出版社	
地　　　址	北京市朝阳区安外安华里504号	
邮　　　编	100011	
电　　　话	010-64267325　64245264(传真)	
网　　　址	www.1980xd.com	
电子邮箱	xiandai@vip.sina.com	
印　　　刷	三河市华晨印务有限公司	
版　　　次	2023年6月第1版 2023年6月第1次印刷	
开　　　本	185 mm×260 mm　1/16	
印　　　张	10.25	
字　　　数	229 千字	
书　　　号	ISBN 978-7-5143-9830-4	
定　　　价	58.00 元	

前　言

　　随着我国新课程改革的不断推进，素质教育已逐渐成为各阶段教育改革的重点内容，培养全面发展型人才成为当代教育的奋斗使命。对各阶段学生进行核心素养培养不仅可以保障教学质量，还可以让学生在掌握基础知识的同时培养其正确的道德品格与必备能力。高中化学教学作为高中教育改革的重要内容，有效的课堂建设对激发学生学习兴趣，培养独立思考与创新意识，增强动手能力具有重要作用。因此，高中化学教师应积极转变教学观念，提升自我专业素养，以核心素养为基础，以培养学生全面发展为教学目标，为学生今后的成长与发展奠定坚实基础。

　　新课改背景下，教师自身专业素质发展成为高中化学教学不可或缺的一部分，在开展高中化学教学时，需要不断提升教师课堂教学能力，并根据课堂教学实际情况，制订完善的高中化学教学计划等内容。本书立足于高中化学教学创新与教师专业发展的理论和实践两个方面，首先对化学教学基础进行简要概述，介绍新时期的高中化学教学策略；然后对教师的专业发展理论进行梳理和分析；最后在高中化学实践教学体系的构建及教学评价等方面进行探讨。本书论述严谨，结构合理，条理清晰，内容丰富，能为当前的高中化学教学创新与教师专业发展相关理论的深入研究提供借鉴。

　　为了拓宽研究思路，丰富理论知识与实践表达，作者阅读了很多相关学科的著作与成功案例，吸取了大量交叉学科的知识，并将其应用至此书当中，使读者在研读此书后能够真正清楚地理解这些内容，以便今后更好地实施。最后，书稿的完成还得益于前辈和同行的研究成果，具体已在参考文献中列出，在此一并表示诚挚的感谢！

目　录

第一章　化学教学基础概述

第一节　指导化学教学的基础理论

一、辩证唯物主义认识论及自然科学方法论

化学教学过程是特殊的认识过程，其特殊性在于它是个体（学生）对化学学科知识的认识过程，它具有间接性、引导性和教育性。因此，辩证唯物主义认识论及自然科学方法论、一般教学理论和学习理论是指导化学教学的基础理论。

（一）辩证唯物主义认识论

辩证唯物主义认识论认为，认识是人脑对客观事物的能动的反映，这种能动作用表现为认识的"两个飞跃"，即由感性认识到理性认识的飞跃，再由理性认识到实践的飞跃。辩证唯物主义认识论把教学当作自有其客观规律的过程来研究。教学就其本质或主要内容而言，乃是教师把人类已知的科学真理，创造条件转化为学生的真知，同时引导学生把知识转化为能力的一种特殊形式的认识过程。教学是由教师领导身心发展尚未成熟的学生，主要通过学习知识去间接认识世界、发展自身。再由成年人按照儿童不同年龄时期能够接受的形式来教他们认识，并且，首先教他们学会成年人已经认识的东西，包括认识的结果和认识的方法，同时把发展他们的认识能力作为专门的任务和工作。化学教学过程，从本质上讲，是一种认识过程。从根本上说，它是受认识规律制约的。辩证唯物主义认识论及据此发展形成的教学认识论揭示了认识过程的一般规律，为人们理解教学过程提供了理论基础。

（二）自然科学方法论

辩证唯物主义认识论是通过自然科学方法论来具体实现它对自然科学的指导作用的。对于自然科学基础知识的教学来说，要做到引导学生实现认识上的"两个飞跃"和学习上的两个"转化"，关键因素在于要正确运用自然科学方法论。自然科学方法论是联结哲学

和自然科学的一条纽带。自然科学方法论认为，科学的认识过程和相应的科学方法应该是按照由浅入深、由低级到高级的辩证过程发展和运用的。根据辩证唯物主义认识论，可总结出科学认识过程的一般规律。

现代科学教育改革非常重视学生学习方式的转变，尤其鼓励学生在自然科学的学习过程中，更多地参与科学探究活动，强调在探究学习活动中培养科学探究能力，这就使能力的培养与知识技能的获得、方法策略的掌握、情感态度价值观的形成有机地统一起来。就认识过程来看，科学探究原是指科学家研究自然界的科学规律时所进行的科学研究活动，在这里是指将科学家的探究方式引入到学生的学习活动中，让学生以类似科学探究的方式学习科学。学生在进行探究性学习时，将运用到观察、实验条件控制、测定、数据处理、分类等具体方法。随后，在此基础上进行一定的比较、归纳，形成初步的结论；由于结论不一定符合预期，从而产生了新问题，在无法用已学知识进行确切解释时，学生便产生了解决问题的欲望，为解决问题，学生将运用回忆、比较、推理等方法，根据模糊的感性认识甚至是可能错误的认识提出一定的假设，进而再次从事探究活动进行相应的验证，其结果可能符合假设也可能不符合，若不符合，又将重新提出假设并设计实验，进行验证。这样的过程并不是简单的累积或循环，在认识层面上讲，学生的认识是在不断发展、进步的。这其中包含着一个由浅入深、由模糊到清晰、由假设到验证、由错误到正确的过程；其实也就是一个从感性到理性、从理性到实践并不断螺旋上升的过程。

科学探究活动的基本环节和步骤可概括为发现问题、提出假设、验证假设、形成结论、交流质疑等的循环往复和螺旋上升。不难发现，科学探究活动的认识过程体现了自然科学方法论的观点。

作为一种特殊认识过程的化学教学，必须运用自然科学方法论，遵循认识规律，结合学科特征和教学特征，具体解决教学实际中的各种问题。这样就可以做到既体现辩证唯物主义认识论对教学过程的指导作用，又避免将教学认识论等同于哲学认识论的简单化倾向。具体地说，化学教学总是从引导学生认识具体的物质和现象开始，从运用已经获得的知识开始，从已知到未知，由感性认识到理性认识，进而通过实践（主要是学习实践）活动去运用化学知识、发展认识能力。例如，让学生进行观察、实验；记录和处理实验数据；进行科学抽象及运用比较分类、分析和综合、推理和判断等逻辑思维方法；运用假说等方法探究化学知识。在教学形式上，要创造条件让学生亲自动脑、动口和动手，让他们通过感觉器官进行思维加工，以实现教学过程中的"两个飞跃"和"两个转化"。

二、教学理论

教学理论是依据教育学和心理学等原理探索教学现象较深层次的普遍规律，并为解决具体教学问题提供指导的理论。化学教学理论是建立在一般教学理论之上的。历史上，特别是近现代形成了不少教学理论，它们对化学教学理论有深刻的影响，也是指导化学教学的基础理论。这些理论主要有以下几方面内容。

（一）赫尔巴特传统教学论

赫尔巴特（J.F. Herbart），德国著名教育学家，传统教育理论的主要代表。他深受瑞士教育学家裴斯泰洛齐（Johan Heinrich Pestalozzi）的影响，在教育史上第一次建立了以心理学为基础的教学理论。他非常重视兴趣在教学过程中的作用，并认为教学的最终目标是提高人的道德品质。他创立了"形式阶段说"，把教学过程分为以下四个阶段。

第一，明了——为学生明确地讲授新知识，并使学生在学习过程中集中注意力。

第二，联想——让学生把新知识和旧知识联系起来，在心理上学生期待教师给予提示。

第三，系统——要求学生把新旧知识系统化，并在新旧观念联合的基础上做出概括和总结，学生在逐步探索中完成任务。

第四，方法——要求学生把所学知识用于实际，学生的心理特征是行动。赫尔巴特的"四阶段论"后来被他的后继者改变、发展成为预备、提示、联系、总结和应用的"五段教学法"。

（二）杜威的实用主义教学论

杜威（J. Dewey），美国著名教育家，实用主义教育思想的创始人。他批评赫尔巴特的"重教轻学"的做法，在教学内容上主张以儿童的亲身经验代替书本知识；在教学组织形式上，反对传统的课堂教学，认为班级授课制"消极地对待儿童，机械地使儿童集合在一起，课程和教法划一"；在师生关系中，反对以教师为中心，主张以儿童为中心，提倡"儿童中心论"。杜威重视学生"能动的活动"，提出"教育即生活""学校即社会"的教育主张。他认为教学应按照学生的思维过程进行，并指出"教学法的要素和思维的要素是相同的"。这些要素就是：

第一，学生要有一个真实的经验情境——要有一个对活动本身感兴趣的连续活动；

第二，在这个情境内部产生一个真实的问题，作为思维的刺激物；

第三，他/她要占有知识资料，从事必要的观察，对付这个问题；

第四，他/她必须负责一步一步地展开他/她所想出的解决问题的办法；

第五，他/她要有机会通过应用来检验他/她的想法，使这些想法意义明确，并且让他/她自己去发现它们是否有效。

（三）凯洛夫的新传统教学论

凯洛夫（N.A.Kaiipob），苏联著名教育家。苏联在20世纪20年代，由于思想认识上的偏差和教育实践经验的缺乏，产生了否定一切的倾向，出现了"学校消亡论"。在此历史背景下，凯洛夫开始参加苏联教育的管理和研究，他尽力以唯物论和辩证法来研究教育学，逐步形成新的教学理论体系，他认为教学过程是一个特殊的认识过程，包括教师的教和学生的学两个方面；他提倡并发展完善了班级授课制度，并认为课堂教学是教学工作的基本组织形式；教师在教学过程中要考虑学生的年龄特点，把最基本的知识传授给学生，同时，要发展学生的某些能力；教学方法决定于教学任务和教学内容，但教学方法不是唯一的，而是多种多样的。

（四）赞可夫的发展性教学论

赞可夫（L.V.Zankov），苏联心理学家、教育学家。他以"教学与发展的关系"为课题进行了长达 20 年的研究，提出了学生的"一般发展"的思想。他认为"一般发展"即"心理活动的多方面的发展"，强调个性发展的整体性和动态性。以此为指导思想，他还提出实验教学论体系的原则，包括以下几个方面内容。

第一，以高难度进行教学的原则。教材要有一定的难度，以引起学生注意，使学生在克服困难中获得知识。当然要掌握难度的分寸，要限于"最近发展区"，但不能降低到"现有发展水平"。

第二，以高速度进行教学的原则。对教材要进行多方面的理解，提高学习知识的质量。

第三，理论知识起主导作用原则。教学要教给学生规律性知识，使其举一反三。

第四，使学生理解学习过程的原则。让学生学会学习，逐步成为学习的主体。

第五，使全班学生都得到发展的原则。

（五）布鲁姆的掌握学习教学论

布鲁姆（B.S.Bloom），美国教育家。他的"为掌握而学，为掌握而教""只要提供适当的学习条件，世界上任何人都能学会的东西，几乎所有的人都能学会"等观点具有世界性的影响。布鲁姆的"掌握学习"基于这样的一种设想：如果教学是系统而切合实际的；如果学生面临学习困难的时候能得到帮助；如果学生的学习具有足够的实践达到掌握；如果对掌握能规定出明确的标准，那么绝大多数学生的学习能力都可以达到很高的水平。布鲁姆的掌握学习在实施上分为两个阶段：准备阶段和操作阶段。

布鲁姆还认为，在学校教育中，评价占有十分重要的地位。但是传统评价的目的实际上是给学生分等分类，而对改进教学工作和实现教育目标所起的作用很小，对学生的人格和性格发展产生不利的影响，因此应该使用"适应并发展每个学生的能力，以改进教学工作为中心"的教育评价方式。根据"掌握学习"的教学模式和步骤，布鲁姆把教育评价分为诊断性评价、形成性评价、总结性评价三类。

（六）苏霍姆林斯基"活的教育学"思想

苏霍姆林斯基（V.A.Suchomlinsky），苏联教育实践家和教育理论家，他特别重视培养学生的个性，要求把每个学生培养成个性全面和谐发展的人，"教育的最重要的任务之一就是：不要让任何一颗心灵里的火药未被点燃，而要使一切天赋和才能都能最充分地发挥出来"；他提倡对学生进行道德教育，让学生有"同情心""责任心"，他认为"一个人从社会得到了什么，以及给予了社会什么，这两者之间保持一种严格的和谐"；他也很重视智育，认为智育具有双重任务，即掌握知识，发展智力，通过智育，要让学生形成科学的世界观，要"培养人在整个一生中丰富自己的智慧的需要和把知识应用于实践的需要"；他把劳动教育看成学校教育的一个重要组成部分，认为劳动是"一般发展"和"个性全面发展"不可缺少的途径。

（七）瓦根舍因、克拉夫基的范例教学论

瓦根舍因（M. Wagenshin）、克拉夫基（W.Klafki），德国教育家，范例教学论的主要代表。所谓范例教学指通过一些典型的问题和例子使学生进行独立的学习。其主要内容包括以下几方面内容。

第一，三个特性，即"基本性""基础性"和"范例性"。

第二，三个统一，即"问题解决学习与系统学习的统一""掌握知识与发展能力的统一"和"主体与客体的统一"。

第三，五个分析，即"分析此内容表示并阐明了什么并能掌握哪些基本知识""分析儿童掌握的知识和形成的能力在其智力活动方面的作用""分析该课题对儿童未来的意义""分析内容的结构""分析哪些因素使儿童掌握教学内容"。

第四，四个阶段，即范例地阐明"个"——用典型的事例阐明事物的本质特征，范例地阐明"类"——通过归纳分析掌握事物的普遍特征，范例地掌握"规律"，范例地获得有关世界的和生活的"经验"。

教学论是研究教学一般规律的科学。以上这些经典的教学理论，虽然学术主张不同，关注重点各异，但其研究对象都是教学。这些理论探讨了教学的过程与本质、教学目标与任务、教学原则与方法、教学管理与评价、教师与学生等一系列问题，提出了各自的学说与主张，为化学教学的理论研究与建构奠定了基础。

三、学习理论

化学教学是特殊的认识过程，也是学生的学习过程。对于学习，古今中外有不少的教育家、心理学家进行了深入的研究，并提出过许多颇有价值的思想和理论。

（一）中国传统的学习理论

我国早在春秋战国时期，孔子就提出了"博学"（广泛地获取感性知识和书本知识）、"慎思"（学习要多进行认真的思考）、"时习"（及时温习已学过的知识）、"笃行"（把所学到的知识用于实际生活中）的学习思想；孟子承认学习个体之间的差异，认为教师应该因材施教。朱熹把《中庸》的五段论与孔子的"学而时习之""温故而知新"的观点相结合，提出博学审问、慎思明辨、时习笃行的六段式学习过程。这种学习过程模式基本上已经成为中国传统学习的经典模式。传统教育家还强调非智力因素在学习过程中的作用，并把"志"作为学习的前提条件。这样，学习过程实际上是由志、学、问、思、辨、习、行

七个环节构成的。其中"志"是动力系统，起着发动和维持的功能；"学、习、行"代表着行为操作系统，起着联系主客体的功能；"问、思、辨"代表思维加工系统，起着存储提炼的功能；"习"主要执行强化和反馈功能；"行"起着评价、检测和反馈的功能。

当然，我国传统的学习理论也有不足之处：例如，以伦理为中心的人文知识构成学习的主要内容，遏制了人们对自然科学的学习；受继承观念的支配，限制了人们的创造性；受实践理性的思维方式的制约，属于经验描述，理论的抽象思辨不够，影响了理论发展；强调教师权威，"师道尊严"的思想对中国的教育产生了深远的影响。

（二）联结学习理论

桑代克（E.L.Thorndike）美国著名的教育心理学家，是联结主义理论的创始人，他的学习理论是第一个系统的教育心理学理论，曾享有很高的声誉，并产生了很大的影响。联结学习理论的主要错误在于摒弃了学习的认知过程和学习者的主观能动作用，简单地用操作性的条件反射来解释人类的学习，带有较大的片面性。

第二节　化学教学特征与教学原则

一、化学教学的特征

以实验为基础是化学教学的基本特征。我们可以从学科的根本属性和化学教学的实践经验两个角度来论证这一基本特征。

化学学科是以实验为基础的一门自然科学。实验使化学成为一门科学。化学以客观事物为研究对象，以发现客观规律为目标，具有客观性、验证性、系统性三大特征。大量实验事实为化学理论的形成提供了依据，理论的形成与发展还需经实验事实的检验。纵观化学科学发展的历史，前进的每一步都离不开化学实验。化学学科是在实验的基础上产生并发展起来的，实验是化学理论产生的直接源泉，是检验化学理论是否正确的标准，也是提高化学科学认识能力、促进化学科学持续发展的重要动力。

化学教学的特征是化学学科特征在教学中的反映，也是辩证唯物主义认识论在化学教学中的体现，是化学教学区别于其他学科的标志之一。化学学科以实验为基础，辩证唯物主义认识论强调感性认识的基础性，因此，以实验为基础也是化学教学的基本特征。

化学实验在化学教学中具有不可替代的重要作用。广大化学教师的教学实践说明，化学实验有助于提供丰富的感性知识，有助于激发学习兴趣，有助于创设认知冲突，从而帮助学生正确地形成化学概念，牢固地掌握化学知识，提高观察问题、分析问题、解决问题的能力。化学实验还是培养学生实验技能和实践意识的主要途径，让学生亲自动手实践，一方面可以学习和掌握各种实验操作技能，同时，还能帮助学生形成通过实践探索和认识客观事物的意识。化学实验还有助于培养学生实事求是、严肃认真的科学精神和态度。离开化学实验的化学教学将会是无源之水、无本之木，无法达成提高学生科学素养的教学目标。

那么在教学中如何体现"以实验为基础"这一化学教学的特征呢？我们认为，主要应该通过以下几个方面。

第一，让学生做实验和观察现象，体验通过实验探究规律的过程。

第二，结合实验事实和实验过程，让学生认识化学概念和理论的形成过程。

第三，结合典型化学史实，让学生了解化学科学的发展进程。

第四，让学生通过实验并运用已学的知识解决问题，从而巩固知识、发展能力，培养科学态度、科学方法和正确的价值观念。

二、化学教学原则

（一）突出学生的主体性或主动性原则

依据国际科学教育和化学课程改革的趋势，以及国内化学课程的现状和基础教育课程改革的指导思想，以提高学生的科学素养为主旨；重视科学、技术与社会的相互联系；倡导以科学探究为主的多样化的学习方式；强化评价的诊断激励与发展功能。

让学生有更多的机会主动地体验探究过程，在知识的形成、联系、应用过程中养成科学的态度，获得科学的方法，在"做科学"的探究实践中逐步形成终身学习的意识和能力。根据以上要求，在教学中要突出学生的主体性和主动性。

教育的根本目标是育人，对象是学生，因此要以学生为本，一切为了学生，为了学生的一切，创造适合学生的教育，而不是选拔适合教育的学生，在整个教育教学中要贯彻以教师为主导，以学生为主体，以培养学生的创新精神和全面发展为主线的思想。

素质教育的内容之一，是促使学生主动地发展，生动活泼地发展，让学生主动学习，只有促使学生积极主动地参与教学过程，才能使教学更好地促进学生的智力发展。学生是学习活动的主人，学生的积极学习是成功学习的基础，只有学生主动学习，主动认知，主动获取教学内容，主动吸收人类积累的精神财富，他们才能认识世界，促进自身的发展。教学是由教和学相互联动，有机结合而组成的，学生是参与者、是演员，教师应设计教学的环境，组织吸引学生积极主动地参与教学过程，而不是我讲你听、我问你答。从眼前看，学生讲 5 分钟，可能不如教师讲 5 分钟的效果好，但要看长远一些，要考虑若干年后的效果。因此，课堂教学改革的根本任务是转弊为利，要按照现代教学运行机制，变换传统的班级授课制组织形式，减少教师在课堂上的讲授时间，调动学生参与教学的积极性，发挥学生自主探究的能动性，使课堂教学焕发出生机。实现教学形式的转变，一要最大限度地减少教师的讲授；二要最大限度地满足学生自主发展的需要；三要尽可能做到学生在"活动"中学习，在"主动"中发展，在"合作"中提升，在"探究"中创新。要充分体现学生的自主性：规律让学生自主发现，方法让学生自主寻找，思路让学生自主探究，问题让学生自主解决。

（二）激发兴趣和培养自信原则

爱因斯坦（A. Einstein，德）说过："兴趣是最好的老师，它往往胜过责任感。"从心理学角度来看，学生对某种事物的认识与实践的倾向性心理特征就表现为兴趣。兴趣的产生和学生的认知活动密切相关，同时也伴随愉悦的情感体验，这种倾向性的心理特征一旦长期稳定存在，就会成为取之不尽的原动力。

教育心理学认为：决定学生学习兴趣的内在机制有两个方面：一是学生所从事的学习价值有多大；二是学生在学习活动中成功的把握有多大。如果某学生认为没有成功的希望，即使这项学习再有价值也不会让他产生兴趣，因为这是没有结果的事情。反之，如果学习没有价值，即使有 100% 的成功希望，他也不会积极投身于学习。同时还要注重培养学生的自信心，自信心的获得是学生对自身主体性认识的重要表现。在学习实践活动中，让学生不断接受肯定性的反馈与激励，学生就会表现出较强的自我意识，对自身做出积极的认识和评价，在学习中采取积极主动的态度，发挥主体的能动作用。教师在教学中对学生学习中的言与行要多给予肯定，积极引导，尤其在普通班的教育中，要以质见长，以智取胜，坚持以赞扬为主，及时肯定微小进步，让学生感受成功的喜悦，通过一次次小的成功奠定学生自信心的基础，让他们对自己、对明天充满信心，因为信心是创新的基础。

（三）注重探究式原则

科学探究是一种重要而有效的学习方式，在内容标准中对各主题的学习提出了探究活动的具体建议，旨在转变学生的学习方式，使学生积极主动地获取化学知识，激发学习兴趣，培养创新精神和实践能力；同时，将科学探究作为义务教育阶段化学课程的重要学习内容，在内容标准中单独设立主题，明确地提出发展科学探究能力所包含的内容与培养目标。因此，我们要在教学中把培养学生的科学探究能力作为重中之重。

所谓探究，就其本义来说，是探讨和研究。探讨就是探求学问、探求真理和探本求源；研究就是研讨问题、追根求溯源和多方寻求答案、解决疑问。现在我们常说教学要创新，怎么创新？许多人感到迷离，其实，创新就在我们身边，创新就在一个个探究实践活动中，用理论去指导实践，在实践的基础上再总结出新的理论，推动事业不断向前发展，这就是我们所讲的创新活动，这就是我们提倡的探究式教学。教师要注重引导学生主动发现和提出问题，并通过积极地探究解决问题。

在探究教学中，要重视对学生进行科学方法教育。进行教学法指导，教师要把握三点：一是要真正知道学生需要什么；二是要知道怎么做能使学生探究的问题达到"最近发展区"；三是要知道教学法指导的根本目标是使学生愿学、乐学、会学、善学。教师要深入研究教材，提炼教学内容中的某些方法要素，并在教学设计中予以渗透，让学生在探究活动中体验科学方法的运用，如对化学现象进行分类。或提出有关的假设、设计实验和控制实验条件进行探究等。

学生的知识背景不同，思考问题的方式也可能不同，他们对同一个问题的认识角度和认识水平也存在差异。学生可从对知识产生、发展的过程进行探究；可从在新旧知识的联结点上探究；有时在学生质疑问难处探究；有时在解决实践问题上探究；还可以在事物的求新、求异、求变上探究。总之，对知识的理解程度不同会引发探究，对问题的思维方式不同，也会导致不同的探究。值得注意的是，学生对知识的探究，并不像科学家探究那样要发明创造些什么，学生的探究是在教师的激励、启发和诱导之下，运用科学的方法去探究他们暂时还未理解和掌握的知识。学生探究遵循的规律是从不知到知，从知之不多到知之甚多，从学会知识到会学知识和会用知识，再把知识转化为能力。学生探究知识的过程，就是学生利用原有知识经验，去解决教材中所包含的未知因素，通过"学、思、疑、问、探"等多种方式，去挖掘自己的内在潜力，既获得新知，又增长能力。在探究教学中教师要有目的地组织学生相互交流和讨论，这样既有利于培养学生交流与合作的能力，也有利于发展学生的评价能力。要提倡以小组为单位的探究活动。

（四）培养学生的问题意识原则

义务教育阶段的化学课程中的科学探究，是学生积极主动地获取化学知识、认识和解决化学问题的重要实践活动。它涉及提出问题、猜想与假设、制订计划、进行实验、收集证据、解释与结论、反思与评价、表达与交流等要素。学生通过亲身经历和体验科学探究活动，激发学习化学的兴趣，增进对科学的情感，理解科学的本质，学习科学探究的方法，初步形成科学探究能力。

科学探究是一种重要的学习方式，也是义务教育阶段的化学课程的重要内容，对发展学生的科学素养具有不可替代的作用。而提出问题是科学探究的基础，因此，要大力培养学生的问题意识。学起于思，思源于疑，认知心理学研究表明："怀疑是探求真理的前提和基础。"在备课和教学时，教师要站在学生的角度，进行心理换位，模拟学生提问，启发学生。

（五）理论联系实际原则

化学课程内容的选择依据学生的已有经验和心理发展水平，反映化学学科内容特点，重视科学、技术与社会的联系，确定了"科学探究""身边的化学物质""物质构成的奥秘""物质的化学变化""化学与社会发展"五个主题内容，规定了具体的课程内容标准。这些内容是学生终身学习和适应现代社会生活所必需的化学基础知识，也是对学生进行情感态度和价值观教育的载体。所以教学中要突出理论联系实际原则，培养学生学以致用的能力。

化学与日常生活、生产、环境、卫生、健康等联系非常密切，我们学习化学，就是要综合运用化学知识，全面解决实际问题，这就要求我们不仅要系统地传授化学知识，而且还要适时地引导学生关心社会、了解社会，并学会尝试根据自己所掌握的化学知识解决社会中有关的化学问题，使其在科学的探究过程中培养兴趣、发展智力，提高观察能力、分析能力、独立思考及解决问题的能力，同时，学会科学的学习方法和科学的思维方法。

要注意从学生熟悉的身边现象入手，引导他们发现问题、展开探究以获得有关的知识和经验。要紧密结合学生的生活实际，使他们感受身边的化学物质和化学变化，增强学习的兴趣，加深他们对化学知识在生活实际中应用的认识。对于与学生生活实际紧密联系的物质及其变化现象，要注意在教学中寻找新的视角和切入点，使学生形成新的认识。

在衣、食、住、行等方面存在着大量与化学有关的素材，例如，燃料和燃烧、溶液、酸、碱、盐、有机物和各种材料等。教学中可以根据学生的具体情况及教学需要收集和筛选素材，不断充实教学内容。

（六）重视化学实验原则

"活动与探究建议"是为了突出学生的实践活动，充分发挥学生的实验能力而设置的。化学实验是进行科学探究的重要方式，学生具备基本的化学实验能力是学习化学和进行探究活动的基础和保证。

化学是一门以实验为基础的自然科学，实验是化学赖以生存和发展的基础，是化学的灵魂。要改变重理论轻实验、重结论轻过程的现象，要着重培养学生的化学科学素质及各种能力，就应把重点放在实验功能的开发上。有的学者把实验的功能精辟地概括为 10 个字：获知（获取化学知识和技能）；激趣（激发学生学习化学的兴趣和科学探索精神）；求真（培养学生勇于探索、实事求是的科学品质及实践出真知，实践是检验真理的唯一标准的科学精神和科学态度）；循理（训练学生研究应用化学知识与化学技能的方法、规律和思维）；育德（养成诚实、严谨、合作、谦逊、刻苦等科学品质和科学态度）。在教学中，演示实验要鲜明、生动，具有真实性，要能激发学生学习的兴趣和培养学生观察能力，要通过实验巧妙地创设问题情境，有的放矢地设置疑问，让学生带着问题去观察、思考。要尽可能地把演示实验改为在教师指导下的探索性试验，以培养学生认识事物、掌握知识的方法。

（七）创设问题情境原则

"可供选择的学习情境素材"包括与学习内容相关的各种背景资料，例如，化学史料、日常生活中生动的自然现象和化学史实、化学科学与技术发展及应用的重大成就，化学对社会发展影响的事件等。这些素材旨在帮助教师理解课程目标，教师可在相关主题的教学中利用这些素材来创设学习情境，充分调动学生学习的主动性和积极性，帮助学生理解学习内容，体验化学与技术、社会的紧密联系，引导学生认识化学在促进社会可持续发展中的作用。创设学习情境可以增强学习的针对性，有利于发挥情感在教学中的作用，激发学生的兴趣，使学习更为有效。在创设学习情境时，应力求真实、生动、直观而又富于启迪性。演示实验、化学问题、小故事、科学史实、新闻报道、实物、图片、模型和影像资料等，都可以用于创设学习情境。例如，在有关"元素"的教学中展示地壳、海水和人体中的元素含量表；在有关"化学材料"的教学中展示古代石器、瓷器、青铜器、铁器及各种现代新材料的图片或实物；在有关"环境保护"的教学中组织学生观看有关环境污染造成的危害的影像和图片资料等。教师也可以通过精心设计的富有思考性和启发性的问题，例如，"为什么在新制的氧化钙中加入水能煮熟鸡蛋呢？"等来设置学习情境。

在教学中，教师要善于引导学生从真实的情境中发现问题，有针对性地展开讨论，提出解决问题的思路，使学生的认识逐步得到发展。例如，组织小组辩论"常用的几种燃料中，哪一种最理想？"；试验"活性炭和明矾的净水作用"；观看录像"硬水对人们生活的影响"等，都可以为学生学习有关知识奠定良好的基础。

第三节　化学教学过程与教学方法

一、化学教学过程

化学教学过程是化学教师教和学生学的统一的活动过程。是教师引导学生掌握化学基础知识和基本技能，发展能力，形成正确情感态度和价值观的特殊的认识过程。

化学教学过程是教和学的双边活动过程。教学不是教师一个人的活动，学生是教师教学的对象，更是学习的主体，同时，也是课堂教学活动的主体之一。成功的教学是符合学生的认知特点，能够调动学生的积极性，让学生主动地参与活动，是有利于学生自主建构正确的认知结构的活动，是有利于学生发展的活动。相反，脱离学生参与、忽视学生的感受与理解的教学往往事倍功半，甚至一无所获。在教学过程中，学生倾听教师的讲解，遵循教师的引导，完成教师布置的任务；教师倾听学生的言语，观察学生的反应，根据学生的学习情况来调整自己的教学，或加快或减慢，或详细或简练；学生的思想是不可预测的，是变化多端和充满灵气的，学生提问或回答，对教师就可能是启发，也可能生成新的教学资源；教学的过程也是教师学习、进步的过程。同时，师生之间的感情、情绪也彼此互动：教师的激情将振奋学生的斗志，教师的投入将换来学生的配合；学生的活跃将刺激教师的热情，学生的痛苦将带来教师的苦恼。总之，教学活动中，师生之间相互作用、相互影响、相互制约。

化学教学活动又是特殊的认识过程。首先是认识对象的特殊性。化学教学中学生的认识对象是化学的基础知识和基本技能，这些知识是人类经过漫长的岁月已经获得的，对学生而言是间接的经验。其次是认识方式的特殊性。化学教学中学生的认识过程是在教师的指导下进行的。教师综合考虑教学内容、教学条件、学生已有认知水平等因素，设计出合适的教学方案，从而带领学生完成学习任务。这样的认识过程不同于科学家、艺术家、成年人等的个体认识过程，是由教师引导未成熟的主体通过学习知识、初步探究去认识世界，把大量间接经验和少量直接经验变为学生个体的精神财富，发展学生自身的特殊认识过程。最后是认识目标的特殊性。化学教学中学生的认识目标不仅是化学基础知识和基本技能，还包括过程方法和情感态度价值观。在化学教学中，学生不仅要学习人类已知的知识，还要得到探究未知的体验，初步得到社会交往的锻炼，形成对科学正面的情感和态度。

构成化学教学过程的基本因素有四个：教师、学生、教学内容和教学条件。前两个是人的因素，后两个是物的因素，人的因素是决定因素，物的因素可以通过人的因素的作用发生变化。在四个因素中，教师是起决定性作用的主要因素。有效的教学过程是教师精心安排教学内容，充分利用教学条件和着力发挥学生主观能动性的过程。

二、化学教学方法

化学教学方法是化学教师在教学过程中为了完成教学任务所采用的工作方式和学生在教师指导下的学习方式。

化学教学活动由教师、学生、教学内容和教学手段四个因素组成，教学手段包括教学方法和教学物质条件。这几个因素各有各的作用，它们作为一个有机的整体决定着教学活动的进行。但是在一个具体的班级，教师和学生固定的，教学内容（主要由教学大纲和教材决定）和教学物质条件（主要由学校经济条件决定）大体上也可以看作固定的，只有教学方法是灵活易变的因素。化学教师可以根据教学内容，学生的认知水平、兴趣、爱好和学校的物质条件，选择或创造合适的教学方法，来保证取得好的教学效果。当然，如果教学方法不合适，就会事倍功半，影响教学效果。因此，化学教学方法是化学教师发挥聪明才智、进行创造性劳动的重要领域，是化学教学改革的活跃因素。

目前，教学法书刊上介绍的化学教学方法种类繁多，但由于分类的根据不同，常常是将不同类型、不同层次的教学范畴混在一起，不便于对比研究它们的特点和使用条件。因此，有必要探溯它们的渊源，做出便于我们进行研究的分类。

我国和苏联的教学论，常用分析法研究教学，把教学体系分解成课程教材、教学原则、教学组织形式和教学方法几个因素，分别加以研究，然后在教学实际中综合应用。按照这种方法划分出来的化学教学方法有讲授法、谈话法、讨论法、演示法、实验法、练习法、读书指导法等。

西方国家的教学论，常用综合法研究教学。其所包含的许多教学方法，如发现法、程序教学法、范例教学法、设计教学法等，不仅仅是教学方法，而且常常涉及教学原则、教学组织形式甚至课程教材。实际上，这里提到的发现法、程序教学法等，各是一种教学体系。用分析法或综合法研究教学各有优点。后者比较合乎教学实际。因为教学本身就是一个综合体，难以把课程教材、教学原则、教学组织形式、教学方法几个因素截然分清，而且综合研究又有利于处理好教学体系中各种因素的关系。因此，目前在我国化学教学方法改革中新创造的教学方法多属综合法。

（一）第一类化学教学方法

1. 讲授法

讲授法是教师通过口头语言对学生系统地传授知识的一种方法。运用这种方法，教师可以将化学知识系统地传授给学生，使学生能在较短的时间内获得较多的知识。它能运用启发的方式对学生提出问题，引起他们积极思考，并指出解决问题的途径，发展学生的抽象思维。讲授法是历史上流传下来的一种最主要的教学方法，也是当前化学教学中最基本的方法。其他各种方法都要与它结合着使用。讲授法的缺点是教师占用的教学时间较多，不利于发挥学生的主体作用，也不利于发展学生的技能。如果教师不善于运用启发式教学，未能做到所教知识的逻辑顺序与学生的认识能力和认知结构相同步，学生就会陷于被动状态，成为灌输的容器，导致机械地学习，死记硬背。

讲授法是教师通过口头语言向学生传授知识的方法，所以教师的语言水平对教学效果影响很大。经常可以见到这样的情形：一些教师专业知识水平不低，备课也很努力，但由于语言表达能力差，讲课学生不爱听，影响了教学效果。

教学语言首先应该做到清晰、准确、简练。也就是说，它既要有严密的科学性和逻辑性，也要符合语法规范，不做无谓的重复。其次应该生动，即教师讲课要讲求艺术性，善于应用形象比喻，语调有抑扬顿挫，适当运用体态语言——以姿势助说话，使教学语言富有感染力，娓娓动听，从而激发学生学习的兴趣。这里应该注意，教学是严肃的、艰苦的脑力劳动，不是娱乐，教学语言的生动应以不影响教学的科学性和正常的教学秩序为限，不能为了追求"生动"而插科打诨，卖弄噱头，把教学活动搞得庸俗化。因为那样既不利于学生知识的学习，也不利于他们思想品德的培养。

2. 谈话法和讨论法

谈话法是教师通过和学生相互交谈来进行教学的方法。讨论法是在教师指导下，由全班或小组成员围绕某一中心问题发表意见而进行相互学习的一种方法。这两种方法不是使学生从不知到知，而是引导学生根据已经掌握的知识、经验，通过独立思考去获得新的知识。因此，从学习的心理机制看，谈话法和讨论法都是属于探究性的。它们的优点是能充分发挥学生的主体作用，激发学生的积极思维，并有利于培养学生的口头语言表达能力。

谈话法适用于所有年级，但低年级用得比较多。它一般用于检查学生的知识，复习和巩固旧知识，也用于讲授新课。教师做演示实验时，为了引导学生观察和思考，常用谈话法与之配合。

运用谈话法首先要求教师做好充分准备，拟好谈话提纲。所提问题要有启发性。如果是通过一组问题来引导学生概括出某个科学的结论，则各问题之间应有严密的逻辑顺序。其次，要面向全体学生发问，给学生思考的时间。提问对象要普遍，并要贯彻因材施教原则，即所提问题的难度应与学生的水平相当。

讨论法常用于高年级，因运用这种方法要求学生应具备一定的知识基础和独立思考能力。运用讨论法首先要求教师提前布置讨论题，明确对讨论的要求，指导学生复习有关知识，搜集资料，写好发言提纲。其次，要求教师组织好讨论，鼓励学生勇于发表意见，相互切磋，并注意使讨论能围绕中心、紧扣主题。讨论结束后，教师要做好总结，提出需要进一步思考的问题，以供学生学习和研究。

3. 演示法

为了使学生获得感性知识，加深对学习对象的印象，把理论知识与实际知识联系起来，同时也为了激发学生的学习兴趣，化学课上常须做演示实验，展示实物标本、模型、挂图，放映幻灯、电影、电视录像等。教师演示时必须与讲授相结合，这样才能引导学生观察，使学生获得全面而清晰的表象，并在此基础之上引导学生思维，帮助他们形成正确的化学概念，加深对化学现象本质的理解。

4. 实验法

化学是一门以实验为基础的科学，学生学习化学必须做实验。因此，实验法是化学教学的基本方法。学生课内做实验主要分随堂实验和整堂实验两种形式。

5. 练习法

练习法是在教师指导下学生巩固知识和培养技能的基本方法，也是学生在学习过程中一种重要的实践活动。在化学教学中，一些重要的化学用语、化学基本概念、化学基础理论、化学计算和化学实验操作等，均需要有计划地加强练习，以达到巩固知识、训练技能、发展智力和培养能力的目的。

练习分口头（口答）练习、书面（笔答、板演）练习和操作练习三种形式。

在口头练习中，教师所提出的问题应具有启发性，不要提那些死背定义或简单回答"是"与"不是"的问题。同时还应对学生进行口头表达能力的训练，要求他们清晰、准确地回答问题。为了提高课堂书面练习（包括板演）的效率，最好采用是非题、选择题、填充题或计算题这样一些学生书写文字量小的问题。为了训练学生组织思想、论述问题和文字表达的能力，可以适当布置学生在课下写小论文。

操作练习，主要是让学生动手做实验和组装模型，目的是训练学生做化学实验和组装模型的操作技能，自然也是培养他们动手、动脑解决实际问题的重要方法。像估液、取液、试管操持等基本操作学生容易出错，就可以结合所学的化学知识，出题加以练习，以巩固所学内容。学生学习有机化学缺乏空间立体观念，对于分子的立体异构常常想象不出来，让学生亲自组装分子模型，会巩固和加深他们对分子结构的理解，也有利于他们拓展对微观粒子结构的想象力。

6. 读书指导法

读书指导法是教师指导学生通过阅读化学教材和参考书获取知识、发展智力的一种教学方法，是培养学生自学能力的一种好方法。教师应要求学生课前预习、课后复习，而预习和复习都必须阅读教材。如有余力，也应阅读参考书。

（二）第二类化学教学方法

1. 发现法

发现法是教师提供适于学生进行再发现活动的教材，促使学生通过自己探索、尝试过程来发现知识，并培养提出问题和探索发现能力的方法。这种方法经过美国心理学家布鲁纳（J. S. Bruner）倡导，20 世纪六七十年代在西方曾经广泛流行。运用这种方法的关键，在于编制适于学生再发现活动的教材。编制教材时要注意以下三点。

第一，缩短过程：将科学家原发现的曲折的认识过程加以剪辑，使之变成捷径。

第二，降低难度：原发现过程对于学生来说往往难度过大，必须降低到与学生认知结构相匹配的程度。

第三，精简歧途：原发现可能走过许多不同的道路，但教材应将它们精简成少量歧途，这样一则可以降低学习的难度，二则可以训练学生的分辨能力。

2. 局部探求法和引导发现法

这两种教学方法本质上都属于发现法，但是它们是对发现法的改进。局部探求法是将一个待发现的较复杂的问题划分成几个较简单的小问题，让学生分步去探索发现，或者让学生探索其中一两个小问题，其余由教师通过启发式谈话来解决。这样就降低了探索发现的难度，扩大了发现法的适用面。

引导发现法强调在学生在发现活动中要加强教师的引导，减少发现活动的自发性，使学生尽可能少受挫折，从而降低发现的难度。应用这种方法，一个发现过程大体可分准备、初探、交流、总结、运用五个阶段。

3. "读读、议议、讲讲、练练"教学法

"读读、议议、讲讲、练练"教学法的主旨是克服学生在学习中的被动状况，发挥他们的主体作用。这种教学方法的"读"，是指学生在教师指导下课堂上阅读教材。"议"，是指在阅读后让学生议论阅读中发现的疑难问题。"讲"，是指教师必要的讲授，它贯穿课堂的始终。如布置阅读时提启发性问题，给学生的议论做总结，对于难度大，学生难以读、议的教材直接进行讲授等。"练"，是指在课堂上组织练习，组织学生做实验，借以巩固知识、形成技能。

显然，这种教学方法是根据教为主导、学为主体的教学原则，将阅读指导法、讨论法、讲授法、练习法、实验法综合在一起形成的，体现了启发式教学的精神，如果运用得好，会取得好的教学效果。

4.单元结构教学法

单元结构教学法是根据布鲁纳结构主义观点将化学教材重新加以组织，同时汲取发现法、程序教学法和传统的讲授法的优点而创造出来的一种新的教学方法。采用单元结构教学法时，教师备课要做好两项工作。首先，要以理论为主线，实验为基础，将知识按内在逻辑联系组成不同的"结构单元"。其次，按结构单元编写指导学生自学的"学习程序"。

单元结构教学法一般按照下面的程序进行教学。

第一，教师启迪开始学习时，教师对本单元的内容和重要性等做概括的介绍，以激发学生的学习动机，明确学习目的、学习方法和思路。

第二，学生自学课堂上让学生按学习程序自学，其方式包括阅读教材、参考书，做实验，做预习题，钻研学习程序上提出的思考题。

第三，检查自学情况，组织讨论，进行重点讲授。为了检查学生自学的情况，应该让他们报告自学成果，回答教师提问，并组织他们对有不同意见或自学理解不深刻的问题进行课堂讨论。然后教师对他们进行讲评、订正、示范、总结。同时根据需要，对于重点、难点教材还要进行讲授。讲完后再让学生做作业、做实验，以资巩固。

第四，做好总结，形成知识体系，在一个单元学习结束时，教师要布置一些综合性的作业或布置写小论文，促使学生将已学到的知识分类对比、概括、总结，使知识系统化，从而形成较完善的认知结构。

教学实践证明，这种教学方法有利于做到教为主导与学为主体的统一，可以让学生比较好地掌握双基和培养他们的思维能力与自学能力。但是它在如何划分结构单元，如何做到单元知识结构与学生的认知结构最佳地配合等方面尚不够成熟，有待继续探索。

三、选择和运用化学教学方法的注意事项

两大类化学教学方法。第一类化学教学方法是单纯的方法，在运用这些方法时，只有贯彻正确的教学原则，坚持实行启发式教学，适应课程教材的要求，协调与教学组织形式的关系，才能取得好的教学效果。第二类化学教学方法，虽是根据对教学实行综合研究设计出来的，但也存在指导思想是否符合教学规律，教学措施是否符合实际情况的问题。加之不同课的教学目标、内容、学生的情况及不同学校的环境设备均有差异，因此，教师如何根据实际情况正确选择和运用教学方法，对于提高教学质量具有重要意义。

选择和运用教学方法，应该注意以下几点。

（一）要适合课题教学目的任务

教学方法是为完成教学目标任务服务的。因此，必须适合课题教学目标任务的要求。如课题的教学目标是传授新知识，一般就要应用演示法给学生提供感性知识，然后用讲授法、谈话法等方法使感性知识上升为理性知识。如果教学目标是培养学生的化学计算技能，则应采用练习法进行教学。由于教学中一堂课的教学目标往往不是单一的，因此，使

用的教学方法也不应总是单一的，而应是几种方法最优的结合。

（二）要与教学内容相匹配

教学目标由教学内容来体现，教学方法要适合教学目标的要求，就必须与教学内容相匹配。如元素化合物教材，一般应选用演示法、实验法、讲述法或讲解法；理论教材，应选用讲解法、谈话法或讨论法；对于化学用语，一般采用讲解法和练习法等。

（三）要与学生实际情况相适应

不同年级的学生，其知识储备不同，认知水平不同，对于不同的教学方法的适应能力也不同。例如，讲解法、讲述法、谈话法、演示法等，在中学阶段都可以顺利地使用，而讲演法、讨论法就宜于在高中使用。选择教学方法时还应考虑班集体的学风。例如，有的班特别活跃，学生爱提问，爱发表自己的意见，就适合采用谈话法和讨论法；有的班表现沉闷，学生不爱提问题，讨论不爱发言，讨论法应暂时少用，而宜选用其他教学方法。当然教师也应采取措施，打破这种沉闷局面，使班集体逐步活跃起来。

（四）要考虑学校的设备条件

某些教学方法的使用，与学校设备条件有关。例如，学校化学实验室设备完善，化学仪器药品供应充分，就可以多用实验法，也可以适当采用发现法。如果不具备这些条件，就只好采用演示法或其他教学方法。

（五）要适合教师自身的业务水平和教学风格

不同的教学方法对教师的业务能力要求不同。教师应该了解自己的长处和短处，扬长避短，形成自己的教学风格。例如，擅长口头表达的教师，可以多用讲授法、谈话法；精通化学实验的教师，可以多用演示法、实验法；教学组织能力强的教师，可以多用讨论法。当然，擅长口头表达的教师，在发挥讲授特长的同时，应该保证学生有足够的机会动手做实验；精通实验的教师，在发挥组织学生做实验特长的同时，也应当保证对学生进行必要的讲授。因此，一个好的化学教师，在发挥特长、形成风格的同时，必须具备运用各种普通教学方法的基本能力。

（六）要按规定教学时间完成教学任务

各种教学方法传授同样数量的知识所耗费的时间是不同的。一般来说，讲授法、演示法耗用时间短，发现法、谈话法、讨论法、实验法耗用时间长。对于一个具体课题应采用什么方法，要根据课题的教学目的和可以使用的时间综合考虑，不能片面地做决定。

在教学过程中，为了取得好的教学效果，对于第一类化学教学方法，往往不能一种方法用到底，而是需要几种方法组合使用。例如，在一堂课上教师不能总是讲授，常须配合使用演示、学生实验、谈话或讨论等方法。课的教学质量在相当大的程度上取决于这些方法的选择和组合是否得当。对于第二类化学教学方法，例如，发现法，除了它对教材组织有特殊要求外，教学方法上也是指导读书、实验、讨论、讲授等第一类化学教学方法的综合运用。它的教学质量既取决于教材组织，也取决于教学方法的选择与组合是否得当。也就是说，一堂课教学质量的高低，在相当大的程度上取决于教师是否能根据实际情况对教学方法实行优选组合、灵活运用。所以教师优选组合、灵活运用教学方法的能力，可以看作教师教学业务水平的一个重要标志。

第二章　新时期化学教学策略

第一节　化学教师新课程适应对策

一、化学教师新课程适应反思与建议

新课程对教师的要求更高，要求知识能联系社会生活，要求学生主动参与探究活动，要求教师创新与主动生成课程，这必然对化学教师提出新的挑战。在新课程培训过程中，许多化学教师要求多讲实用案例，多讲新课程如何进行实践教学操作等内容，这都说明广大化学教师对新课程引领的强烈要求。所以，当前化学教师在职教育培训应以提高教师的全面素质和适应新课程改革的教育教学能力为主，实现教师培养模式的多元化，应尽可能在教育实践中进行，与教育实践紧密联系。在培训形式上，要把师范教育定向培育与非定向培育、院校培训校本培训、远程网络培训及研训结合培训与"自修—反思"培训模式有机结合起来；在培训内容上，应加强对教师理论及实践水平的提高，培训内容要紧密结合教学实践与生活，加强文理渗透，加强对新课程改革理念及教学实践的指导，有针对性地开展学科专业特色的教学培训、教学设计改进培训、教学科研方法指导，结合新课程改革进行案例评讲、计算机技能培训等对教师有具体指导意义的培训内容；在培训方法上，要注重实践性，在校本培训中要将结合课例的同事互助指导、案例教学法、行动研究结合起来，让化学教师在教学实践中学会教学、学会教研、学会学习、学会解决问题、学会研究学生。

（一）教研组引领教师适应新课程

要解决这个问题，就要充分实现教师之间的资源共享和经验交流，倡导教师间的合作与交流。开展活动课程是落实新课程改革"强调学生通过实践，增强探究和创新意识，学习科学研究的方法，发展综合运用知识能力"的主要形式。这种课程对教师素质要求非常高，他们的教学与指导任务是十分繁重的，包括活动的组织、活动过程的技术指导、有关的活动设计等，所以只有在教研组引领下加强教师之间的协作交流、相互探讨才能将活动课教学组织好。因此，作为教师必须有相应的合作意识、合作欲望，并付诸行动。同样，

新课程实施的研究已经是对传统注重教材教法研究的进一步扩大，上升到课程层面来说就是对教材的适应性、教材的创造性使用、课程的创造开发、各种学习方式的研究等，这些都需要教研组引领教师相互配合与交流。

（二）以实践为取向的教学案例反思研究是提高化学教师师资水平的基本途径

化学教师只有通过教育实践研究，才能提高教学的层次和水平。缺乏科学教育理论的指导是教师实行新课程时面临的困难。这不仅妨碍教师专业成长，也使新课程实施受到阻碍。这些困难的克服需要加强教师教学实践研究能力的引领，因此，教研人员、学科专家要积极深入课堂，了解课程实施中的问题，与化学教师共同讨论教学问题。具体程序包括：教师在专家的指导下，在进行传统的教学后，学习一些新的教学理论；在观念更新之后，对传统的教学过程进行重新设计，使其具有创新成分；最后，利用创新设计改善教学行为，进行创新教学。对专家而言，先是对教师传统的教学进行观摩，并用一些设施对其进行实录，编成教学案例；随后对这一教学案例进行分析，运用一些教学理论，改编成新的教学案例，这是一个思想实验的过程，对原案例进行理性重建；再结合教师的创新教学，与他们一起对教学进行反思，对新案例进行理论分析。通过这样的活动，达到理论与实践的碰撞与融合，使化学教师在实践中不断探究，提高专业素质和新课程的适应能力。

二、核心素养的概念和意义

（一）核心素养的概念

核心素养是学生在接受相应学段的教育过程中逐步形成的适应个人终身发展和社会发展需要的必备品格与关键能力。它是关于学生知识、技能、情感、态度、价值观等多方面要求的结合体，它指向过程，关注学生在其培养过程中的体悟，而非结果导向。同时，核心素养兼具稳定性、开放性、发展性，是一个伴随终身可持续发展、与时俱进的动态优化过程，是个体能够适应未来社会、促进终身学习、实现全面发展的基本保障。

（二）核心素养提出的意义

核心素养不是先天遗传，而是经过后天教育学习获得的；也不是各门学科知识的总和，而是支撑"有文化教养的健全公民"形象的心智修炼或精神支柱。决定这种核心素养形成的根本要素在于教育思想的进步与教育制度的健全发展。教育教学强调对核心素养的培养，其意义深远而重大。

1.核心素养是教育本质的回归

教育向人的本质回归，向核心素养回归，是所有一线教师坚持质询教育本源意义，探究教育实践获得的共识。核心素养的教育将生命的感受、生命的幸福、生命的品质、生命的成长置于核心位置，所以教师要转变教育理念，在教学中始终将学生放在第一位，重视学生的可持续发展。

2. 核心素养是生命成长的基础

在教育生态向着教育本质逼近的过程中，很多教育家与教师都提出当以"成全生命"为教育的使命。学习与教育的目的就在于点化与润泽生命。每个学生的生命成长不仅有赖于增长知识、智慧，还有赖于心理素质的提高，同时也要树立正确的世界观、人生观、价值观。这样，才能掌握生存所必需的技能，才能享受到生命的美好，才能在自我实现的同时为社会发展贡献自己的力量。

抛开以重视生命的成长而进行的"教育"，是对生命的折损，是对精神的漠视。教育和学校的确要看教学成果，而教育资源的有限性决定了各级教育的选拔性，因此必然要看成绩与升学，教育成果是学生的成长，决定了教育的特殊性。课堂教学只是学生智力生活的一部分，而智力生活只是学生生命成长的一部分。但是，许多学校都将智力生活当成生命成长的全部，把课堂教学当成智力生活的全部，甚至把做题与得分当成课堂教学的全部，而学生的整体发展被忽略不计，使得教育意义不断地衰减。

那么，在个体生命成长中哪些要素是重要的？哪些要素是生命的核心？这些要素之间又怎样相互促成、相互推进？应该说，很少有人去系统探讨这些问题。核心素养教育为生命成长提供了蓝图。《中国学生发展核心素养》以培养"全面发展的人"为核心，从三个方面（文化基础、自主发展、社会参与）确立了六大核心素养（人文底蕴、科学精神、学会学习、健康生活、责任担当、实践创新）。这些核心素养的提出就是对个体生命成长的尊重，而核心素养的教育便是"直面生命、通过生命、促进生命、提升生命"的教育。

3. 核心素养是朝向未来的生长

教育是为社会培养新人，而新人的成长不仅需要传承人类文明，努力培养符合适应社会的公民，还要发掘个体生命的内在价值，为社会发展提供新的力量。美国教育家杜威说过，教育即生长。这种不断生长就是向上、向善的力量。核心素养教育则是顺应并发扬教育这种生长的特性，使教育对象向着未来的方向不断生长。

走向核心素养的教育是世界各国教育的大势趋。在物质文明和精神文明极大发展的21世纪，为了探讨培养学生应该具备哪些最核心的知识、能力与情感态度，才能成功地融入未来社会，才能在满足自我实现的同时促进社会发展，经济合作与发展组织（OECD）率先提出了"核心素养"结构模型。在稍纵即逝、一日千变的信息化时代，如果教育仍然将知识、能力、态度等割裂开来、分而治之，那么必将造成一种分裂式的学习，无法建构一种完整的生命形态。如此一来，只能"生产"出平面的、肤浅的、贫乏的、缺乏趣味与创造力的人，而难以诞生立体、丰富、和谐、自由发展的生命。而"核心素养"一词是将人成长的关键能力与必备品格合而为一，涵盖了知识、能力、态度等要素。核心素养的教育以整体的理念与思想引导每一生命个体不断学习、修炼成就，不断走向完整、完美、完美的自我。

学校教育相对于社会教育和家庭教育来说，肩负着教育的主要任务，是国家投入教育资源最多的地方。所以，学校要充分发挥自己的优势，将培养学生的核心素养落到每个教育环节当中，落到每个学科的教学任务当中。同时，每位教师都应该将培养学生的核心素养作为自己的教学宗旨，发掘出各学科的核心素养，使学校教育真正成为尊重生命成长、培养全面发展的人才的地方。

三、化学学科的核心素养

核心素养的形成有赖于各学科核心素养的培养。学科核心素养是指本学科给予学生未来发展必备的品格和关键能力，是在解决复杂的不确定性的现实问题过程中表现出来的综合性品质或能力，是学科的知识与技能、过程与方法、情感态度与价值观的整合。化学研究的是物质的组成、结构和变化。在变化过程中，我们要运用探究的手段，在探究中寻找证据进行推理，学会透过宏观现象审视变化的微观本质。同时，我们要关注学习化学的社会意义。这些都是在发展学生与化学学科相关的核心认识、关键能力和必备品格，即发展学生的化学学科素养。以下从五个维度，即宏观辨识与微观探析、变化观念与平衡思想、证据推理与模型认知、实验探究与创新意识、科学精神与社会责任阐述化学学科核心素养的内涵。

（一）宏观辨识与微观探析

通过观察、辨识一定条件下物质的形态和变化的宏观现象，初步掌握物质及其变化的分类方法，并能运用符号表征物质及其变化；能从物质的微观层面理解其组成、结构和性质的联系，形成"结构决定性质，性质决定应用"的观念；能根据物质的微观结构预测物质在特定条件下可能具有的性质和可能发生的变化。

（二）变化观念与平衡思想

认识物质是不断运动的，物质的变化是有条件的；能从内因与外因、量变与质变等方面较全面地分析物质的化学变化，关注化学变化中的能量转化；能从不同视角对纷繁复杂的化学变化进行分类研究，逐步揭示各类变化的特征和规律；能用对立统一、联系发展和动态平衡的观点分析化学反应，预测在一定条件下某种物质可能会发生的化学变化。

（三）证据推理与模型认知

初步学会收集各种证据，对物质的性质及其变化提出可能的假设；能基于证据进行分析推理，证实或证伪假设；能解释证据与结论之间的关系，确定形成科学结论所需要的证据和寻找证据的途径；能认识化学现象与模型之间的联系，运用多种模型来描述和解释化学现象，预测物质及其变化的可能结果；能依据物质及其变化的信息建构模型，建立解决复杂化学问题的思维框架。

（四）实验探究与创新意识

发现和提出有探究价值的化学问题，依据探究目的设计并优化实验方案，完成实验操作，对观察记录的实验信息进行加工并获得结论；能和同学交流实验探究的成果，提出进一步探究或改进实验的设想；能尊重事实和证据，具有独立思考、敢于质疑和批判的创新精神。

（五）科学精神与社会责任

具有终身学习的意识和严谨求实的科学态度；崇尚真理，形成真理面前人人平等的意识；关注与化学有关的社会热点问题，认识环境保护和资源合理开发的重要性，具有可持续发展意识和绿色化学观念；深刻理解化学、技术、社会和环境之间的相互关系，赞赏化学对社会发展的重大贡献；能运用已有知识和方法综合分析化学过程对自然可能带来的各种影响，权衡利弊，勇于承担责任，积极参与有关化学问题的社会决策。

化学学科核心素养的培养必须以具体的化学知识为依托，让学生在化学知识学习的活动过程中形成和发展。化学知识的学习离不开课程体系的建设、学科活动、学科教师的参与。

四、化学学科核心素养形成的主载体——课程体系

提升学生核心素养的目的是促进学生的全面发展，使学生在未来社会生活中能更好地适应多变的环境。因此，要改变知识本位的教育思想，树立学生能力本位的思想。同时，要使教师在教给学生必需的化学知识的同时，注重培养学生认知和发现规律的能力。为此，我们在建构课程体系时，可以进行如下改革。

第一，在制订具体的教学目标时，要充分重视学生核心素养的培养。高中化学课程中，各章的教学内容不同，有的以教会学生化学基础知识为主，有的以要求学生动手实践为主，有的以学生主动探索为主。因此，在制定教学目标时，要根据内容制定不同的标准，不能生搬硬套，否则基于学生核心素养的课程体系建构将流于形式。化学研究的对象是物质，而物质是由元素组成的，可用化学符号表示。化学符号是国际通用的化学特有语言，所以在学习认识化学符号时，可以将"会用化学符号表征物质"作为该部分内容的教学目标。化学是一门以实验为基础的学科，化学实验是化学科学研究的基本手段，而科学的本质是探究，科学探究是化学家研究化学的方法，也是化学课程要求学生掌握的重要内容和学习方式。如此，在学到相关内容时，应将"实验与探究"作为该部分内容的教学目标，真正地让化学实验进入课堂，提高学生的动手能力。

第二，内容标准和教学建议要能促进学生核心素养的形成。高中化学是化学教育的启蒙阶段，所以面向全体学生，培养学生对化学的兴趣应该放在重要的位置。另外，义务教

育阶段还应"为学生创设体现化学、技术、社会、环境相互关系的学习情境，使学生初步了解化学对人类文明发展的巨大贡献，认识化学在实现人与自然的和谐共处、促进人类和社会可持续发展方面所发挥的重大作用，相信化学必将为创造人类更美好的未来做出重大的贡献"。所以，让学生认识到化学对人类发展和社会发展的重大作用，形成化学价值观，也是重要的教学内容。

五、化学学科核心素养形成的主路径——学科活动

虽然基于核心素养的教学目标是要求教师建立一个开放、有活力的课堂，但是由于学习任务较重和客观条件的限制，教师难以在教学形式上付出过多的精力，所以仍然采用传统的方式进行课堂教学者居多数，知识的传授依然以灌输形式为主。要在有限的课堂时间内充分调动学生学习化学的兴趣，需要提高化学课堂教学的有效性。

（一）转变观念，重视思维方式的培养

在现代教育中，教学观念应该有所改变，教师应该以培养学生的能力和思维作为教学重点，而不是仅仅应付一张试卷。在化学课堂上，教师不仅要将知识传授给学生，还要让学生学会并掌握化学的思维方法，来解决生活中的问题。由于化学的原理和实践性都比较丰富，所以利用实验，就可以有效地吸引学生的注意力，让学生看到有趣的化学现象，对化学产生兴趣。因此，在教学过程中，教师可以借助实验来实现对学生思维方式的培养。例如，教师在进行"碱的化学性质"教学过程中，会涉及"如何判断氢氧化钠变质"这一问题。对此，可以在教学过程中进行学生实验，让学生向长期放置的氢氧化钠固体中滴加稀盐酸，然后就会发现固体表面产生气泡。教师从实验现象引导学生分析其中的化学原理，从而得出验证物质之间是否发生化学反应的一般方法——用实验验证生成物的存在。学生通过直观的实验现象，分析其中的化学原理，得出解决问题的方法。这一过程不但让学生对课堂教学更感兴趣，而且对学生培养化学学科的思维方式也有一定的帮助。

（二）丰富教学形式，激发学习兴趣

高中是一个比较关键的阶段。在这个阶段，学生的身心逐渐发育，学习的主动性也在逐步完善，需要教师采用丰富的教学形式有效地引导和启发，这样才能激发学生的学习兴趣。例如，在讲解"金属的活泼性会影响酸与金属反应的剧烈程度"这一概念时，为了便于学生理解，可以将出现的金属设计成卡通形象。当酸与这些金属接触时，活泼性强、与酸反应剧烈的"金属小人"表情十分惊慌，而排在氢（H）后活泼性弱、不与酸反应的"金属小人"悠然自得。这样，不但可以吸引学生的注意力，而且也能将不同金属的活泼性生动地表现出来，给学生留下深刻的印象。另外，教师可以安排一些有竞技性和趣味性的游戏，激发学生的学习兴趣，获得较好的教学效果。

（三）联系生活，促进知识理解

化学是一门与生活息息相关的课程。在日常生活中，人们常常会接触到一些化学物质。而学好化学知识能够正确认识物质，为生产、生活服务。所以，在教学工作中，教师要注重联系生活，用生活现象导入知识的学习，让学生通过自己的亲身经验，深化对化学知识的理解。

六、化学学科核心素养形成的主条件——学科教师

学生核心素养的培养前提与根本应该在于教师的核心素养。离开教师的核心素养谈学生的核心素养是不现实的。当前，化学教学中存在较为严重的问题是，教师受应试教育和传统教学经验的影响，主要围绕着"知识与技能"的一维目标进行教学。教师的育人意识淡薄，育人能力缺失。以教科书为中心，教师只想准确地把尽可能多的知识传授给学生，帮助学生建构知识体系。而学生在学习过程中只是"旁观者"，学生的热情、主动性、怀疑能力在学习中不断泯灭。化学学科核心素养的提出对化学教师最大的挑战就是从"教书"转向"育人"。也就是说，教师不能再单纯地从化学学科的角度来理解化学教学，而必须从人的素养提升的角度来理解。作为化学教师，要承担起培养学生核心素养的使命，必须将对发展学生核心素养的诉求转化为教师的教学理解并付诸实践。在这种新形势下，优化提升化学教师的教学认知尤为重要。

根据发展学生核心素养对化学教师提出的新要求，以及现实化学教育教学中存在的问题，提升教师的教学认知必须注意以下几点。

（一）超越化学学科知识，理解化学教育的本质

教育教学活动必须从知识本位、学科本位向学生核心素养本位转型。化学教师无论是在教学内容的设计方面还是在教学方法的设计方面，都应该针对化学核心素养的培养目标，真正实现为素养而教，让学生获得化学知识，形成化学基本观念，提升化学思维能力。

（二）善于挖掘课程文本中的育人潜能

教材中呈现的只是静态的知识结果。教师除了要从整体上感受和理解知识内容，分析知识的深度和广度外，还要挖掘知识的内涵价值、蕴藏的化学基本观念和思想方法，所经历的思维过程的价值，以及培养学生的科学精神和情感态度价值观等，从促进学生认知发展的层面来建构教学。

（三）重视学生知识，关注学习活动组织

一定要改变学生无条件接受知识的现状，从关注教师教学任务的完成度转向关注学生

学习的达成度，关注学生的化学学科思维能力、品格品性的实际变化。学生是在基本的化学活动中获得经验的，因此要让学生体验知识的产生、知识的生长、知识的应用，从而提升学生主动学习和合作学习的意识与能力。

（四）突出情境创设的有效性

教师要揭示化学知识的现实背景，强调知识的应用，把知识融入情境之中，促进学生对知识的掌握和理解。情境设计要紧扣化学教学内容，指向要明确具体，避免徒有形式而无实质内容；要符合学生的认知基础和心理发展规律；要有一定的思维负荷，引发学生的高阶思维活动；要新颖多样，有效地激发学生的学习兴趣，突破化学知识的重难点。同时，化学教师还需要在具体的教学实施中观察示范、支持鼓励、启发引导，并进行互动和情感交流，增强学生对学习的兴趣，培养学生的品格和科学精神。在"核心素养"的背景下，对学生，我们提出发展核心素养；对教师，我们进行基于核心素养的教学认知培育优化，鼓励他们探索发展学生核心素养的教学方法，推动核心素养的落实。将核心素养从一套理论框架落实到具体的教育中，进而真正实现育人功能，是化学教师面临的重大问题。我们应该借助这一改革的契机，深化对化学教育的理解，发挥化学学科的育人功能。

第二节　新时期化学教师职业素质

新课程改革给教育界带来的最大挑战莫过于对教师职业素质的挑战。"课程即教师"，课程改革的成败归根结底取决于教师。确实，教师是理想与现实、理论与实践之间的转化者。作为教师，如果对于理论没有充分的了解，对于实践的条件没有实际的把握，那么这种转化就会有很大的落差。因此，如何让每一位教师都树立正确教育的观念及信念，具有乐业、敬业和奉献精神，拥有较为宽广的科学与人文素养及高尚的人格魅力，能够机智地判断新状态、新问题，迅速做出教育决策和选择，具有根据实际对象、情境和问题改变教育行为的魄力是整个教育界乃至整个社会的共同追求。

一、人文、民主的教育素质

教师教育的人文化是现代教育对传统教育的文化功能和育人功能的扬弃和提升。

（一）教师职业观的人文化

人文主义的教师职业作为一种抗衡的张力，影响着教师教育的培养目标。教师不仅是一种专业性的职业，而且还是传递和创造社会精神文明成果的社会工作者。从本质上说，教师职业是一个以人类文化成果塑造心灵、培育新人的神圣事业。20 世纪 40 年代以来，大多数国家在改革教育时，一方面拓展普通文化教育，加强学科专业教育，注重专业性；

另一方面也注重教育理论学习与教育实践训练，强化实践性。在注重专业性、强化实践性的同时，实现人文教育与科学教育的有机整合，施行人文精神的教育，沟通自然科学与人文科学，尤其注重发掘科学的人文教育价值。

（二）师生关系民主化

在新的教师职业特性中，专业知识和技术基础等教学的认知和技术侧面固然重要，但是与学生及在学生之间建立感情纽带，为同情、宽容和对公共利益的关心与投入奠定基础等所谓教学的社会道德、情感侧面被认为更具有基础性。从罗杰斯（C.R.Rogers，美）的非指导教学到苏联实验教师的合作教育学，从能力本位教师教育学到情感本位教育学，从教育伦理学的复兴到学校的人性化，教师教育的民主化将成为教育民主化的先导。师生关系中的人际关系如真诚、接受、理解、平等等民主因素重新受到重视。这种走向主要表现在以下两方面。

第一，化学教师对学生及其学习负责。新课程改革要求化学教师应致力于向所有的学生传授知识；应以"所有的学生都能够学习"为行动的信念；应平等对待每一名学生；能意识到每个学生之间存在的差异，能在实践中做到因材施教；应根据对学生兴趣、能力、知识、家庭背景及同伴关系等的观察与了解，及时调整自己的教学实践；了解学生的发展与学习过程；能将最新的认知与智力理论运用到实践中，能清楚地意识到科学对社会文化、环境及人的行为的影响作用；能发展学生的认知能力，培养学生对学习的兴趣；能培养学生的科学素养、公民责任、情感人文价值观及其对个人、文化宗教与种族差异的尊重。

第二，化学教师熟悉所教科目，并知道如何将其传授给学生。新课程改革要求化学教师对所教科目有丰富的了解，了解其发展的脉络，清楚学科的结构与其他学科之间的关系，并能将其与人文环境联系起来；在向学生真实地重现科学文化精华、化学知识的同时，还能培养学生批判与分析的科学思维能力；能清楚意识到化学课程中存在的文化背景知识，并能采用相应的教学策略和内容；知道问题可能出现在什么地方，并能及时修正教学策略；能创造多种教学方法，善于教会学生怎样处理和解决问题。

二、生成、创新的教学素质

教师教育的生成性是在教育情境中随着教育过程的展开而自然生成的教学目标，是教师关于经验和价值观生长的方向感。所以，教育的生成性最根本的特点就是过程性。正如著名课程论专家塔巴（H.Taba，美）所言："教育基本上是一个演讲过程。而且，它是渐进生长的，它扎根于过去而又指向未来，从这个意义上说，它又是一个有机的过程。在此过程的任何阶段，我们能提出的目的，不管它们是什么，都不能看成最终目的；也不能武断地将它们插到后面的教育过程中去。目的是演进着的，而不是事先存在的。目的是演进中的教育过程的方向的性质，而不是教育过程的某些具体阶段的，或任何外部东西的方向的性质。它们对教育过程的价值，在于它们的挑战性，而不在于它们的终极状态。"生成性教育追求实践理性，强调学习者与具体情境的交互作用，主张目标与手段的连续、过程与结果的连续，否定预定目标对实际过程和手段的控制，对学习者、教育者在教育中的主动性表现出应有的尊重。强调学习者和教育者在教育中的主体精神和创造性表现，体现了教育对人的主题价值和个性解放的不懈追求，反映了时代精神的发展方向。

第一，在教学理念与教学目标上，由知识为中心转向以学生发展为中心。从化学学科的角度说，就是从传统的化学"双基"（基础知识和基本技能）教学向以提高学生科学素养为目标的方向发展。具体而言，化学学习必须包括三个方面的内容：化学知识与技能、过程与方法、情感态度与价值观。

第二，在教学内容与教学时空上，由封闭走向开放。内容和时空的开放给化学教育打开了广阔的天地，符合我国基础教育改革和创新人才培养的要求。这对化学教师提出了新的挑战，教师应具备开放的心态、开放的思维和开放的眼界，能够结合学校和社会实际对化学教学进行创新实践。年轻教师要发挥知识、技能方面的优势。中老年教师要摆脱传统和经验的束缚，更多地关注和了解社会生活、科技发展与化学的关系。

第三，在知识结构和储备上，由局部知识向网络知识发展。这是新课程改革给我们提出的新要求，也是高素质教师必备的学术背景。新课程改革重视科学、技术与社会的相互联系，强化化学与日常生活的联系，关注学生在情感态度与价值观方面的发展，注意与相关学科的联系及渗透，强调学生逐步形成终身学习的意识和能力。因此，对教师的知识结构和知识储备提出更高的发展性要求。

第四，教学方式由教师单向传授式向师生合作互动式发展。过去主要考虑的是教师如何教，现在教师应重点研究学生如何学，即落实学生学习方式的彻底转变。

第五，教师角色由课程任务执行者向课程实践研究者发展。新课程改革明确规定："实行国家基本要求指导下的教材多样化政策"，并指出"教材改革……应有利于教师创造性地进行教学"。新课程改革则更为具体化："教材在内容体系、活动方式、组织形式和考试评价等方面应留给教师较大的创造空间。"据此我们认为，教师角色的发展方向应当是：教书型教师—研究型教师—专家型教师—学者型教师。

第六，教学技术由传统型向现代信息型发展。化学实验是化学学科的基础，既是化学教学的优势，又是实际教学中的薄弱环节。因此，必须进一步加强化学实验在化学教学中的地位，充分发挥化学实验教学的功能（获知、练技、激趣、求真、循理、育德）。这样才可能使化学教育真正有特色、有魅力。而随着化学实验在化学教学中重要性的提升，必然导致实验技能和实验教学技术的研究与熟练成为化学教师职业素质发展的重要基础。

三、多元、平衡的知识素质

新课程改革对化学教师的知识素质提出了新的要求，教师必须同时具备本体性知识（学科专业知识）和条件性知识（教育教学专业知识）。这两种专业知识还必须由实践性知识（教育教学活动中解决具体问题的知识）来进行整合，使其内化为教师自己的专业素质。这种整合的过程是长期的，贯穿教师执教生涯的始终，成为教师终身学习、终身教育的一项重要内容。

当代美国成人教育家诺尔斯（Malcolm.S.Knowles）提出了"教师学习的基础预设"：

第一，教师有清晰的自我概念，有自我向导的学习倾向与能力；

第二，教师拥有丰富的经验，这些经验本身即可以成为丰富的学习资源；

第三，教师的学习准备程度与其社会（教师）角色的发展任务相关；

第四，教师学习的取向不是学科中心而是问题中心，强调学以致用、活学活用；

第五，教师学习倾向于内在动机而非外在动机；

第六，教师拥有认知需求，在他们学习之前，需要了解为什么需要学习。

强调相互尊重与合作，突出相互协商、相互计划、相互诊断、相互评价的机制。上述这些基本假定或预设也可以视为基于"头脑组织"的教师研修的理论预设。"研究课堂教学，追求有效教学"应该永远是教师文化的主题话题。

多元平衡的知识素质是教育工作成功的知识与技能性保障。首先，合格的化学教师不仅要系统地掌握所教学科的基础理论和知识结构，而且还要有将学科知识和技能体系转化为教学知识和技能体系的能力，即将所教学科的知识体系和技能体系分解为最小的知识单元和最小的技能单元，在此基础上进一步将它们加工为符合不同学生认知的风格、情感需要和个性特点的知识，根据学生"一般发展区"和"最近发展区"的不同状态进行个体性教学。其次，化学教师在进行知识教学之前，应对每个学生的知识背景和认知风格及心理特征尽可能地了解，虽然这在教学实践中是相当困难的，但这又是化学教师保证其教学有效性必不可少的前提条件，只有对教育对象有比较多的了解，才能更好地理解学生并合理地运用不同的教学策略。

在知识更新与重构方面，虽然每一个化学教师在从事教育教学的工作之前都经过比较系统的职前预备教育，包括化学专业和教育专业的学历教育、教育见习和教学实习等，但是，随着信息社会和知识社会的到来，知识的更新速度不断加快，这就要求每个化学教师要不断树立终身学习的理念，及时吸纳所教学科和教育学科的最新研究成果，同时扬弃自己知识结构中已经陈旧或者老化的知识。在这个知识更新和重构的过程中，作为化学教师，不仅要善于发展自己的"陈述性知识"（陈述性知识主要指"是什么"的知识，如化学科学中的新理论、新定律、新概念、新思维等），而且要善于发展自己的"程序性知识"（程序性知识主要指"如何做"的知识，这里主要指 75% 有关教学策略和教学技能、实验技能的知识）。此外，化学教师还要经常以批判的态度反思自己教学理论的合理性、教学技巧的灵活性、实验改进和创新，以解决自己教书育人过程中不断出现的新情况或新问题。

四、合作、开放的学术素质

新课程改革要求化学教师是学习型团体的一员，化学教师应通过与其他专业工作者，例如，教育政策决策者、课程开发者及师资培训者等的合作来有效完成学校教学任务。他们能根据对教育目标的理解，对学校的进展及资源的分配状况做出评估；了解哪些学校和社会资源对学生有益，并能熟练运用这些资源，开展行动研究。

舒尔曼（L.S.Shulman，美）认为教育在本质上是一种学术的专业，一种复杂的智慧性工作。化学教师作为学术社团的成员，必须拥有关于科学哲学知识和化学史知识；关于化学学科内容的知识，包括理解化学学科的组织结构及学科分类、理解化学学科的概念结构，还要理解化学学科的探究方式；关于超越化学学科内容的人文课程知识和课堂管理知识；关于学习者及其特征的知识；关于教育情境的知识等，并不断对这些知识进行学术研究。真正意义上的化学教师的职业发展不是基于行为主义基础之上的教师能力本位的发展，而是基于认知情境理论的"实践智慧"的发展。它强调化学教师自身的课堂教学经验及其对于教学的不断反思，不断与学校同事间的合作与交流，这是化学教师学术素质发展的重要途径。当代化学教育的目标已经超越化学本学科知识、教育理论和教学能力的范围，扩展到社会、环境、生物、物理、哲学、伦理等自然科学及人文科学的各个方面。在这种背景下，"教师成为专家"已经成为教师职业素质的新理念，在这一新理念之下全面提升教师的职业地位和素质成为教师教育发展的重任。随着对"反思性实践"理论的逐渐认可，培养反思型教师成为教师教育新的形象设计，它非常关注教师在教学实践中的反思，倡导教师的学术研究活动。

五、博雅、睿智的人格素质

人格也称个性，是构成一个人的思想、情感及行为的特有的统合模式，这个模式包含了一个人区别于他人的稳定而统一的思想品质，反映个人的内心世界和精神面貌，它包含个人的知识能力、情感、意志、兴趣、动机和信念等多种因素。正如爱因斯坦所说，教师要求性格和钢铁般的意志比智慧和博学更为重要……智力上的成就在很大程度上依赖于人格的伟大。

穆勒（J. S.Mill，英）在《自由论》中说："人性不是一部可以按照固定模式建造，并能精确按照程序工作的机器。人性宛如一棵树，在内部力量的作用下，充分地发展各个方面，成为一个充满生命力的事物。"

教育者高尚的人格形象具有沟通情感的作用，它能够增加教育者在被教育者心中的分量，赢得最广泛的情感认同。因为，在人们的内心深处，都有一种对崇高精神和科学知识的向往与追求。教师具有高尚的人格，就会赢得学生的敬佩、信服、信赖，就会激发学生亲切的心理感受。这是一种自然的、非权利因素的影响力。这种影响力对学生的影响和激励作用是巨大而长久的，它通过感染学生的精神，强化教学效果，提高教学质量。

教师的人格是"爱、德、才"三个方面形成的文化品格。

爱——教师人格魅力的灵魂。这种爱包含两方面的内容：其一，是对本职工作的爱，只有热爱自己事业的教师才会全身心地投入到教育工作中，才会有奉献的动力，才会迸发出灵感和激情；其二，是对学生的爱，只有热爱学生，才会全面关心学生的成长。被乌申斯基（K.D.Vshinski，俄）誉为阳光的教师人格力量的灵魂就是爱。这种爱是无言的，体现在一个关注的目光中，贯穿教育的始终；这种爱是无私的，洒向每个学生的心田；这种爱是高尚的，不计回报。它是开启学生心扉的钥匙，是激励学生奋进的催化剂，是师生情感接触的相融点。

德——教师人格魅力的关键。"德"即师德，主要体现在教师用自己美好的师德影响教育学生，使学生的思想品德得到良好的发展。需要强调的是，现代教师为人师表的内涵较之古代更为丰富。它不仅需要传统的诲人不倦的精神，有教无类的宽厚气度，教学相长的谦虚品格，还要有尊重学生、理解学生的民主精神和崇尚真知、捍卫真理的科学精神。教师是学生心灵的耕耘者，教师在塑造学生心灵方面更担负特殊任务。

才——教师人格魅力的保证。"才"是才华，教师的才华首先体现在知识上。知识是连接教师与学生的纽带，渊博的知识积累不仅是教师自我完善的需要和从事教学工作的保证，而且还是教师业务水平的标志和影响力的源泉。教师的知识越丰富，视野越宽广，科学素养越全面，教学的效果就越好。教师的才华还体现在创造精神上。教师在教学中没有现成的模式可以套用，没有一成不变的方法可以照搬，教师要在娴熟把握教材的基础之上，灵活演绎出丰富多彩、各具特色的教学蓝图。

"学高为师，身正为范"这是对教师职业特征及其专业特征的概括，也是对现代教师人格塑造的要求。现代教师人格对学生的直接教育作用和对社会的作用表明，教师人格对于整个教育过程乃至整个社会的精神文明建设具有不可忽视的重要作用。

第三节　化学教学模式与教学策略

一、化学教学模式

在化学教学中，我们化学组一直采用以下化学教学模式，主要有四个环节：课前检查、学习新知识、作业布置、巩固复习。

（一）课前检查

课前检查是一个 10 分钟左右的检测摸底，实际上它是以往教学中"课前提问"的化身。"课前提问"的目的是为新课程做好铺垫而设计的一个环节，结合教学实践仔细研究、思考，此环节有以下几个弊端。

第一，针对面很狭隘。教师的提问，只是给一小部分人提供了机会，而大部分学生只是听客。

第二，让大部分学生在新课程的开始就丧失了兴趣和积极性。未被检查到的同学，特别是喜欢展示的同学心里有不满（老师很少找我回答问题），带着不满去学习，效果一般不会很理想的。

第三，提问过程中，如果学生掌握不够理想，经过师生校正后，会有利于本节课的学习，但久而久之会让学生感觉到：自己没有掌握好，教师还会进行辅导学习，所以课下更不会去复习和巩固有关内容了，从而养成学习中的惰性习惯。

（二）学习新知识

新知识的学习是每节课的主要环节，但是 40 分钟的时间是有限的。一堂课能否上好，关键在于教师的准备是否充分，也就是备课是否充分。教师只有认真做好备课工作，才能较好地组织课堂教学，于是在课前应该认真钻研教材，仔细钻研新课程标准能让教师更明确教学目标、教学重点和教学难点所在，使教师在课堂教学中做到层次分明。认真钻研课本则能更清晰地为学生讲解知识点，做到有条有理、层次分明，从而使学生更容易掌握好所学的内容。尤其是复习课，更应该让学生觉得脉络清晰，在理清知识点的同时掌握复习的方法，能将知识由点到面形成知识网络图。

（三）作业布置

作业本身是为了巩固课堂教学效果而设计的，可供学生进行课外的练习。但如果因为作业本身的不合理而使学生产生厌烦心理，那就得不偿失了，因此在布置作业时我充分考虑了以下两个方面。

1. 作业应该有层次性、区分度

教学中我们讲求"因材施教"，那布置作业也一样，应该"因材布置"，不同学生的认知基础、学习能力不同，对知识的掌握、应用速度也是有差异的，那么作业也应该是多层次有区分度的。对学优生、待优生、学困生应提出不同的要求，不能要求"一碗水端平"。

2. 师生协商布置作业

如果是毕业班，那么各科作业都非常多，因此在布置作业时教师要充分考虑到学生对知识的掌握程度、对知识的熟练运用程度。盲目追求数量，不但收不到好的效果，还会使学生产生厌烦心理，养成抄袭的不良习惯，应站在学生的角度去安排作业量。因此在布置作业时，师生间协商布置作业，作业量要适中，给每个学生留有充分自主发展的余地，这样才能提高课堂教学效率。

（四）巩固复习

及时复习的优点在于可加深和巩固对学习内容的理解，防止通常在学习后发生的急速遗忘。根据遗忘曲线，识记后的两三天，遗忘速度最快，然后逐渐缓慢下来。因此，对学过的知识，我们要做到及时复习。随着记忆巩固程度的提高，复习次数可以逐渐减少，间隔的时间可以逐渐加长。要趁热打铁，学过即习，方为及时。忌在学习之后很久才去复习。这样，所学知识会遗忘殆尽，就等于重新学习。

二、化学教学策略

（一）教学策略的内涵

迄今为止，国内外学者对教学策略有很多界定，这些界定既呈现出一些共性，又表现出一些明显的分歧。共性表现为：教学策略有一定的目标，是在特定的教学情境下，为完成特定的教学任务形成的决策与设计。分歧在于：有的人认为教学策略有一定的理论性，将其视为教学思想、教学模式；有的人认为教学策略就是教学方法；还有的人认为教学策略就是教学方案，在教学策略的归属上产生分歧。那么，教学策略与教学思想、教学模式、教学设计或教学方法究竟有什么区别呢？

1. 教学策略与教学思想

教学策略比教学思想更具有操作性。教学策略与教学思想之间有着密切的联系。任何教学策略都是在一定的教学思想指导下形成的，体现了某些教学观念。但是，教学策略与教学思想之间并不具有一一对应的关系，其形态也不相同。教学思想位于较高的层次，属于理论、观念形态；教学策略虽然包含有理论，但是，本质上是属于操作形态的东西，是对教学思想观念的具体化。在同一种教学思想指导下，结合不同的背景、条件，由不同的人来开发，就会形成不同的教学策略。同一种教学策略，也不必然都源于同一种教学思想，而可以源于多种教学原理、教学思想。

2. 教学策略与教学模式

教学策略比教学模式更具有灵活性。国外有学者把教学策略看成教学模式，尤其是在北美，有时把教学策略作为教学模式的同义词。诚然，具有可操作性是二者的共同特征，但单从这一点并不能认为这二者是等同的。教学模式具有整体性和程式化的特点，而教学策略则具有部分性和可灵活应用的特点。

教学模式是在某种教学理论指导下所构成的具有一定教学结构、教学活动顺序和教学功能的一种教学范型。教学模式有整体构架、操作程序和运行环节。而教学策略则不受整体性和程式化的约束，可以是整体性的。

3. 教学策略与教学设计

教学策略比教学设计更具有迁移性。有人把教学策略看成教学设计。教学设计是教学活动开展之前的准备工作，是对整个教学活动的计划和安排，教学设计的结果或教学设计的文字表达形式是教学活动方案。许多教学策略是为特定的教学目标和过程设计的，也常常以活动方案的方式呈现。这是教学策略与教学设计的相同之处。但教学策略在迁移性和普适性方面与教学设计又有着明显的区别。

一个教学设计常用于一个特定内容的教学过程，而一个教学策略却可以用于多个教学过程。例如，关于"氨和铵盐"的教学设计只适用于"氨和铵盐"的教学，而"角色扮演"教学策略却可以用于不同的教学过程。当然，进行教学设计时要考虑教学策略的选择与运用，教学策略选择与运用时，又必须通盘考虑教学的整体设计。

4. 教学策略与教学方法

教学策略比教学方法更具有思想性。在有的研究中，不少学者把教学策略等同于教学方法，两者在操作性上确实是一致的，两者的区别在于操作所依据的理念。教学策略无论是简单的还是复杂的，一定是依据某种教育思想设计的，而教学方法则并非都有明确的教育思想基础。教学策略从层次上高于教学方法。教学方法是具体的、可操作的，教学策略则包含有监控、反馈内容，在外延上要大于教学方法。

基于上述认识，可把教学策略定义为：在一定教学理论指导下，为实现某种教学目标，合理选择和组织相关的内容、组织形式、方法和技术而形成的具有效率的特定的操作样式或实施方案。

（二）教学策略的基本特征

1. 思想性

选择或制定教学策略是在一定的教学思想指导下，对教学内容媒体、组织形式方法、步骤和技术等要素加以综合考虑的结果。

2. 可操作性

教学策略不是抽象的教学原则，也不是在某种教学思想指导下建立起来的教学模式，而是可供教师和学生在教学中参照执行或操作的方案，有明确具体的内容。

3. 灵活性

教学策略可以根据不同的教学目标和任务，并参照学生的初始状态，选择最适宜的教学内容、教学媒体、教学组织形式、教学方法并将其组合起来，保证教学过程的有效进行，以便实现特定的教学目标，完成特定的教学任务。

（三）常用的化学教学策略

教学策略可以从不同的角度归纳和分类，例如，可以从认知过程四要素的角度将教学策略分为以下四类。

1. 激起认知动因的策略

真正的学习需要学生全身心地参与。每个学生头脑里的认知结构和意向状态互为学习的前提，并且互相促进。情感化和技术化现在正成为激起认知动因教学策略研制的主要方向之一。

在化学教学上人们设计了许多策略来激起学生的认知动因。例如，利用新闻媒体上关于化学品事故的报道激发认知动因、利用反常实验现象激发认知动因、利用化学与生活的联系激发认知动因等。

2. 组织认知内容的策略

学生头脑里的知识体系是由课程、教材、教学方案的结构和序列转化而来的，因此必须追求最便于学生理解和应用的呈现方式。

在化学教学中，结构图、表格、概念图、物质转化关系等是常用的组织认知内容的策略，将元素化合物知识和理论知识穿插呈现、复杂概念的学习分层次螺旋上升等也是组织认知内容的策略。

3. 优化认知方式的策略

最有效的学习应该是让学生在体验和创造的过程中学习。中国古代教育家推崇的教学过程是"道而弗牵，强而弗抑，开而弗达"，以此来达到教学的最高境界。

有经验的化学教师会非常注意采用优化学生认知方式的策略，采用探究学习、自主学习、合作学习等教学策略。边讲边实验、讨论、辩论、参观、竞赛等也是可以用于优化认知方式的策略。

4. 利用认知结果的策略

化学教学中有一类问题是很突出的。学生知识遗忘率高，教师教学针对性差，造成教学目标的达成度比较低。要想解决这些问题，应注意对学生学习结果的了解和正确利用。教学目标达成的最佳控制必须利用反馈策略。实际上，反馈作为适应技巧，可以调节学生的学习行为和调整教师的施教行为。让学生自己出试题、建立错题本、进行一题多解和多题一解等活动都属于利用认知结果的策略。

也可以从学习类型的角度将教学策略分为以下两类。

（1）直接教学策略

直接教学策略适用于事实、规则和动作序列的教学，这类教学的结果一般来说代表认知、情感和技能领域中复杂水平较低的行为。如元素符号、核外电子排布规律、物质的量浓度溶液配制方法的学习等都是事实、规则和动作序列的教学。直接教学策略基本上是一种以教师为中心的策略，主要由教师提供信息。教师的作用是尽可能以直接的方式把事实、规则和动作序列传达给学生。通常采用讲授法，同时要求有很多的师生互动，包括问与答、复习与练习、学生错误纠正等。

（2）间接教学策略

间接教学策略适用于与概念、模式和定理、规律有关的教学，这类教学的结果一般来说代表认知情感和技能领域中复杂水平较高的行为。根据现象事实、数据推理、验证等得出结论、概括大意、形成概念或定义、发现联系或关系的教学就是间接教学。间接教学策略包括先行组织者策略、利用问题引导探索和发现的策略、利用前概念的策略等。

　　教学策略的研究优势在于其灵活性。一个很具体的教学方法设计是创造了一种教学策略，一个很完整的教学系统的设计也是开发了一种教学策略。因此，每个教师都可以结合自己的教学实践发展新的教学策略，一个大的研究团队也可从将教学策略的开发作为研究目标。根据教学目标、教学内容、教师自己的条件和学生的状况，选择和设计教学模式或教学策略，是提高教学效率的最重要途径之一。

第三章　教师专业发展理论基础

第一节　教师专业发展阶段理论

教师专业发展无疑是一个长期的过程，需要经历一系列的发展阶段。关于教师发展阶段的研究历史并不长，对于我们目前的研究较有意义的是 20 世纪 60 年代以后的研究。对教师专业发展阶段的理论进行研究，一方面可以确定教师的需要和能力基础，为教师培训和教育机构进行有针对性的培训提供理论依据；另一方面为教师的发展指明了方向，有助于教师认识自己，选择和确定近期和中长期的发展规划。

一、富勒的关注阶段论

关注阶段的研究是较早的一类理论探讨，大量集中的研究均在 20 世纪 60 年代富勒（F.Fuller，美）的教师关注研究之后。基于自己的研究和对他人相关研究的回顾，富勒首先提出了教师成长过程中的教师关注三阶段模式，后来根据大量的调查和数据分析，她又对三阶段模式进行了修改，提出了四阶段模式，四阶段模式主要内容如下。

（一）教学前关注阶段

教学前关注阶段是职前培训时期。主修教育的师范生此时还沉浸在学生角色中，因为未曾经历教学，对教师角色的认识仅处于想象阶段，所以没有教学经验，因此只关注自己。对他们的班级教师还经常持批判的甚至是敌视的态度。

（二）早期生存关注阶段

早期生存关注阶段是初次接触实际教学的实习阶段。在此阶段，教师们所关注的是自己的教学、班级控制、教学内容的熟练程度以及上级的视察评价等生存问题。因此在这个阶段，教师们都表现出明显的焦虑与紧张，感觉压力相当大。

（三）教学情境关注阶段

教学情境关注阶段，既包括生存关注，同时也会关注教学上的种种需要或限制以及挫折。教师关注较多的是自己的教学表现，例如，关注教学所需的知识、能力与技巧以及尽其所能地将其所学运用到教学情境之中，而不是学生的学习。

（四）关注学生阶段

虽然许多教师在实习教育阶段就能表达出对学生的关注，但是他们通常要在学会应付自己的生存需要后，才能对学生的需要做出反应。在这个阶段，教师开始把学生作为关注的核心，关注他们的学习、社会和情感需要，以及如何通过教学更好地影响他们的成绩和表现。

通过对教师关注阶段的研究，使人们认识到个人成为教师的这一历程是经由关注自身、关注教学任务，最后才关注到学生的学习以及自身对学生的影响这样的发展阶段而逐渐递进的。富勒的研究显然并没有囊括教师发展的方方面面，而只是从教师所关注的事物在教师不同发展阶段的更迭这一个侧面来探索教师的发展。尽管她提出的这一套教师关注阶段论还不尽完善，但的确为教师发展理论的研究开辟了先河，为我们提供了许多有意义的信息，尤其是为我们提供了一种描述教师专业发展的概念框架，也为我们进一步研究关注转换的过程、转换的条件和机制奠定了基础。

二、卡茨的教师发展时期论

美国学者卡茨（L.G.Katz）根据自己与学前教师一起工作的经验，运用访问和调查问卷法，特别针对学前教师的训练需求与专业发展目标，将教师发展分为四个时期：

（一）存活期

存活期大约持续 1—2 年的时间。在此阶段教师原来对教学的设想与实际有差距，关心自己在陌生的环境中能否生存。此外，新教师在教学中需要得到各种技术上的协助。

（二）巩固期

巩固期将持续到第 3 年。在此阶段，教师有了处理教学时间的基本知识，并开始巩固过往的教学经验和关注个别学生以及思考如何来帮助学生。但这一时期还需要专家、同事和学校领导提供建议和帮助。

（三）更新期

更新时期持续到第 4 年年底。在这一时期，教师对重复、机械的工作感到厌倦，试图寻找新的方法和技巧。因此，这一时期，必须鼓励教师参加研究会，加入教师专业组织，参加各种进修活动等，去交换并学习新的经验、技巧和方法。

（四）成熟期

成熟时期延伸到第 5 年和 5 年以后。这一时期的教师已习惯于教师角色，能够深入地探讨一些教育问题。在这一时期，教师适宜参加各种促进教师发展的活动，包括参加各种研究会，加入教师团体组，进修学位，搜集并阅读各种学前教育的相关信息与资料等。卡茨的教师阶段发展论如表 3-1 所示。

表 3-1　卡茨的教师阶段发展论

名称/阶段	时限	主要特征
存活期	任教第一二年	原来对教学的设想与实际有差距，关心自己在陌生环境中能否生存
巩固期	任教第二三年	有了处理教学实践的基本知识，并开始巩固所获得教学经验和关注个别学生
更新期	任教第三四年	对教师重复、机械的工作感到厌倦，试图寻找新的方法和技巧
成熟期	任教第三至五年	习惯于教师的角色，能比较深入地探讨一些教育问题

卡茨所提出的教师发展时期论，为区分教师发展阶段的设想提供了有价值的见解。但卡茨以及和他同一时期的教师发展成为理论家。资深的成熟教师继续成长和变化的观点，在这些早期研究中并未提到。

教师职业生命周期阶段论是以人生命自然的老化过程与周期来看待教师职业发展过程与周期的。费斯勒（R.Fessler，美）等人从教师职业发展出发进行研究，各自提出了许多重要的见解，各自的阶段划分如表 3-2 所示。

表 3-2　研究者对教师职业生命周期阶段的不同划分

教师发展阶段（伯顿，1979）	求生存阶段	调整阶段	成熟阶段	
教师职业周期动态模式（费斯勒，1985）	职前教育阶段	入职阶段	能力形成阶段	热心和成长阶段
	职业受挫阶段	稳定和停滞阶段	职业低落阶段	职业退出阶段
教师生涯发展模式（司德菲，1989）	预备阶段	专家阶段	退缩阶段	更新阶段 / 退出阶段
教师职业周期主体模式（休伯曼，1993）	入职期（求生和发现期）	稳定期	实验和变化期	重新估价期
	平静和关系疏远期	保守和抱怨期	退休期	

在这类研究中，较具有代表性的是费斯勒的研究，他把教师的职业周期放在个人环境和组织环境中来考虑，教师实际经历的职业周期是教师作为发展中的人与这两个环境影响因素相互作用的结果，他提出的教师职业周期模式是一种动态、灵活，而不是静态、线性的发展模式。

以此为基础，费斯勒把教师职业周期分为八个阶段。

第一，职前教育阶段。这个阶段的教育是为特定的教师角色而做准备的。此外，这一阶段也包括在职教师从事新角色或新工作的再培训。无论是在高等教育机构内，还是在本身学校内的在职进修活动均可涵盖在内。

第二，入职阶段。这是教师任教前几年，也是教师走向社会，进入学校系统和学习每日例行工作的时期。在此阶段的每一位新任教师，通常都会努力寻求学生、同事、督导人员的接纳，并设法在处理每日问题和事务时获得被肯定的信心。

第三，能力形成阶段。在此阶段的教师努力增进和充实与教育相关的知识，提高教学的技巧和能力，设法获得新的信息、材料、方法和策略。此时的教师都想建立一套属于自己的教学体系，经常接受与吸收新的观念，参加研讨会和各种相关的会议，以及继续进修与深造。

第四，热心和成长阶段。教师在此阶段已经具有较高水平的教学能力，但是一位热心教育和继续追求成长的教师会更积极地追求其专业形象的建立，发挥热爱教育的工作热忱，不断寻找新的方法来丰富其教学活动。可以说，热心成长与高度的工作满足感是这一阶段的要素。

第五，生涯挫折阶段。在此阶段，教师可能会受到某种因素的影响，或是产生教学上的挫折感，或是工作满足程度逐渐下降，开始怀疑自己选择教师这份工作是否正确。许多相关文章中所探讨的"倦怠"感大多数都会出现在本阶段中。通常教师产生挫折感多在生涯中期，但在教师生涯前期，如任教前几年，也有逐渐增加的现象。

第六，稳定和停滞阶段。这一阶段的教师抱着"做一天和尚撞一天钟"的心态。这些教师只做分内的工作，不会主动追求教学专业的卓越与成长，不求有功，但求无过，可以说是处于缺乏进取心、敷衍塞责的阶段。

第七，生涯低落阶段。这是准备离开教育岗位，打算"交棒"的低潮时期。在此阶段，有些教师感到愉悦自由，回想以前的桃李春风，而今终能功成身退；另外也有一些教师则会以一种苦涩的心情离开教育岗位，或是因被迫终止工作而感到不平，或是因对教育工作的热爱而觉得眷恋。

第八，生涯退出阶段。这是离开教职后寂寥的时期。有些人可能会寻找短期的临时工作，有些人可能会含饴弄孙、颐养天年。总之，是到了生命周期的最后落幕阶段。

费斯勒的教师职业生命周期论，特别是其对教师发展的阶段描述，提供了一个较为完整的纵贯教师生涯的理论架构。这是对该领域先期研究成果的发展，因为它生动地呈现了教师在整个教学生涯的发展与变化的真实画面。与卡茨和伯顿相比，这是一个不小的超越。因为卡茨与伯顿对成熟教师未来的发展未做探究，即认为达到成熟以后的教师会一往直前地继续成长，其间不会有类似低落、停滞的发展阶段，而费斯勒则弥补了二者的缺陷。

从系统论的角度来讲，费斯勒把研究的主体——教师置于丰富的家庭、社会和职业场景中来考察，开辟了认识教师专业发展的新视角。但教师的这些环境背景与教师的专业观念、行为之间的联系，以何种途径对教师的专业发展进行影响等问题都没有做深入的研究。

三、教师社会化发展阶段论

教师专业社会化与教师专业发展虽不相同，但两者有交叉。因为，教师在社会化过程或者说社会性相互作用过程中要实现两种功能：一是社会化功能，即个人调整自己的行为以适应教师专业的价值、规范；二是个性化功能，即帮助认识自我的专业个性特质，形成自我专业发展意识，进而把握自我专业发展。因而我们在这里对这一理论划分的研究对教师专业发展是很有借鉴意义的。

教师社会化框架从教师作为社会人的角度考察其成为一名专业教师的变化过程，其关注的核心集中在个人的需要、能力、意向与学校机构之间的相互作用，是发生于教师个体的诸种亚社会化之一。确切地说，所谓教师专业社会化，是指个体成为教学专业的成员，并逐步在教学上担当起成熟角色，通常是获得较高专业地位的变化过程，这一过程是贯穿教师整个职业生涯的过程，就内容范围而言是人们选择性地获得他们所属集团或者想加入这种集团的流行价值观、观点、兴趣、技巧和知识的过程。教师社会化发展阶段如表3-3所示。

表3-3　教师社会化发展阶段表

教师社会化发展阶段论	"蜜月"阶段	寻找教学资料和教学方法阶段		危机阶段		设法应付过去或失败阶段	
教师社会化发展阶段论	师范生阶段	探索适应期	实习教师阶段	蜜月期	合格教师阶段	新生期
		稳定成长期		危机期		平淡期
		成熟发展期		动荡期		厌倦期

准备阶段。从开始考虑选择教师职业以及接受培训起，教师就进行积极的专业准备和发展，包括教师进入师范院校学习和入职前的培训，学习教师专业和接受相关训练。

新手（初步）发展阶段。指教师进入学校任教后，教师的成长受到多种因素的影响，个人知识和技能开始紧密地与自身的生存和发展联系起来，在生存压力下开始加强专业发展，但这一阶段更多的是应用在学校学习的各种知识和教育技能，以常规方法为主，努力发展能使教学得以顺利进行又能得到专家认同的教学模式。

成熟阶段。教师在胜任教学的基础上，从关注自身转向关注学生发展，开始超出原知识和教学技能，发展更加实用和自主的教育方法，能灵活自如地应用各种教学技能，并能组合成新的教学方式，开始走出上一阶段形成的固定教学程式，在教学和专业知识上逐渐提出自己的一些看法，进入成长的成熟阶段，实现由胜任到教学能手的转变。

专家（创新）阶段。教师在努力钻研业务和开展科研中，结合自身特点和教育发展要求，逐步发展新的教学技能和教育思想，形成独特的教学教育模式，成为专家型教师。

四、教师专业发展阶段理论的价值

教师专业发展理论不仅是教师专业发展促进者促进教师专业发展的理论依据，更是对教师自身的专业发展有着重要的启发意义。

（一）对于教师专业发展促进者的意义

对教师专业发展促进者来说，可明确依据教师理想的发展进程，给处于不同发展阶段的教师提供协助。比如：对教师的教育、培训等工作必须考虑到教师专业阶段的不同，实行"分层施教、分类指导、分别要求"的原则，科学进行需求评估、任务分析、选择合适的策略。具体地讲，教师培训面对的是多层次的、多类别的人员和多学科、多要素的内容，根据不同对象的需求和水平差异，有针对性地确定培训内容的重点和设置，才有可能收到实效。从培训对象的层次性来说，主要应该把握住深度。如：新手、熟练教师、骨干教师、特级教师分类培训时，层次越高越要重视规律性、灵活性和创新性的内容；层次越低，则越应注意情境性、操作性和确定性强的内容。从不同培训对象的要求来说，主要应把握住阶段特色，骨干教师有示范性的要求，一般教师要改进教学实践。

（二）对于教师自身的专业发展的启示

对于这一作用，如果教师具有自我专业发展意识，又了解教师专业发展的一般阶段理论，那么他就会对自己的专业发展保持一种自觉状态，有意识地将自己的专业发展状况与教师专业发展的一般路线相比照，以至于最终真正达到理想的专业发展。自我专业发展意识是教师真正实现自主专业发展的基础和前提，它可以增强教师对自己专业发展的责任感，使自己的专业发展保持自我更新趋势。

具体地说，教师专业发展阶段理论可以提高教师对自我专业发展阶段的反省认知，或者说,教师专业发展反思意识与能力。所谓反省认知，是指对自己思维、学习过程的意识。就一般人来说，其学习能力会受到学习观和对自己作为学习者认识的限制。有的人可能认为某些内容只有专家才能理解，而自己只有理解其中属于导论性质的部分内容，还有的人认为他们只能在别人特意设计的情境中才能学会东西。所以学习者学习效果如何，在一定程度上与学习者对自身学习过程的了解程度相联系。教师作为一名学习者，对自己学会教学过程的了解程度也会影响其学会教学和专业发展的效果。

　　教师了解教师专业发展的一般阶段之后，会以此为基础来确定自己的专业发展计划。教师专业发展阶段的知识，为与其他教师的专业发展阶段进行比较提供了一个参照系，甚至对于职前师范教育阶段的师范生，在得到有关教师专业发展阶段的知识后即做出职业选择。如果决定做一名教师，那么其专业投入感会增强；如果决定不做教师，那么也减少了初任教师的离职率。

　　对教师专业发展阶段的描述还可使教师产生一种团体意识，使其不再感到孤单。比如，任教一年的教师可能会认为只有他才会在教学方案设计、课堂管理等方面遇到困难。当他了解这是任教一年的教师普遍遇到的问题时，他可能会放松很多，进而着手进一步发展、改进教学技能，所遇到的问题也会被克服。

　　有了教师专业发展阶段知识后，教师还可以意识并预计到自己的变化。德尔菲就曾把教师专业发展阶段看作一种谱系，依照此谱系，教师可以确认自己现在所在的发展位置，并可以设定自己将往何处发展。格雷戈克（A.F.Cregorc，美）则更进一步地把教师专业发展用于教师专业发展的目标设定。对于初任教师来说，他们在了解教师专业发展的详细信息后，就会对教师专业发展过程和教学工作的方方面面采取更为现实的态度，进而降低初任教师一般所遇到的不平衡程度。

　　总之，教师专业发展阶段的理论不仅使教师更清楚地知道目前自己处在什么发展水平，而且使他们知道为了将来的进一步发展，应该做些什么。

第二节　教师专业发展角色理论

　　教师在学校系统中，作为儿童发展过程中的重要角色，凝聚着社会的多重期待。但在现实情况中，人们更多地从规范的角度探讨教师的角色，对教师提出诸多期望，如教师应该承担什么样的角色，应该具有什么样的权利与责任，应该遵守什么样的行为准则与规范等，强调"应该"的角色。人们往往忽视了角色扮演的主体——教师对自身角色的认识与理解，教师对角色的认知、体验和信念不仅影响其角色扮演的成功与否，影响儿童的成长与发展，同时还影响教师自身的专业发展。教师的专业发展需要教师反思自身的角色观念，分析自我角色认识的适宜性及与社会角色期望之间的差异，有意识地调整与改善自身角色。因此，在教师专业发展的道路上，关注教师职业角色心理，协助教师分析教师角色的内涵与结构，明晰其价值意义是非常重要的。

一、角色心理理论

　　角色心理理论是用个人所扮演的角色来理解个人的社会行为，即按照人们所处的地位、身份，并根据人们对此角色的理解、期望和要求，以及对社会互动参与者起作用的相关群体来解释人的社会行为。

（一）角色的概念

角色（role）起源于戏剧表演，指演员在舞台上依据剧本要求扮演的某一特定人物。1935 年，美国社会心理学家、符号互动论创始人米德（G.H.Mead）最早把这个概念引入社会心理学，称为社会角色，用以分析个体在不同的情境中应用的行为方式。

社会角色是由人们的社会地位决定、为社会所期望的行为模式，主要包括三层含义。

1. 社会角色并不是一个单一的概念，认识包含了一套行为模式的类别

从角色来源来看，任何角色都是社会期待的复合体或集合体。这种期待是指在社会中人们对于某一特定角色担当群体的期待。达伦多夫（R.G.Dahrehdor，德）认为，所谓社会角色，是所在的社会中与角色的担当者的态度相联结的期待的集合体，与"中学教师"这一社会角色的扮演者相联结的期待是由"中学教师—学生"，或者"中学教师—学生家长"这样一些关系的期待所构成的。

2. 社会角色由人的社会地位和身份所决定，而非自定的

对于处于特定岗位的角色来说，群体和社会将对他们所应有的典型性行为加以样式化，并期待他们遵守这些样式。不同的角色在社会文化发展过程中形成不同的样式，来规范该角色群体，是人们对处在特定地位上的人们行为的期待。角色行为真实地反映出个体在群体生活和社会关系中所处的位置。

3. 角色具有双重层面：集体的和个人的

集体的层面，是指某个角色的文化界定造型，是不论由谁来扮演都必备的基本特质；个人的层面则是指我们对某个角色的诠释。任何一种社会行为，不仅反映出角色扮演者的社会地位及其身份，而且体现出个体心理、行为与群体心理、行为及社会规范之间的相互关系。社会对特定角色所期待的样式可能是一致的，但角色行为人在认知和理解上的差异会导致不同的角色表现，发挥不同的角色行动能力来承担角色所限定的责任和义务，因此带有个性化的特征。

（二）教师角色理论

20 世纪 70 年代以来，几类主要的教育流派都将角色这一中心概念融入其中。

1. 建构主义的教师角色理论

自 20 世纪 70 年代开始，建构主义理论运用皮亚杰（J. Piaget，瑞士）的心理学理论分析教师的角色发展。建构主义将积极学习者的特点归纳为"既提出问题又解决问题，深入研究，解决矛盾冲突和勤于反思"。学生和教师都应该是学习者，他们都在建构自己的

知识：教师必须发展其观察学生、帮助学生解决学习问题的方法和能力。

建构主义理论视野中的教师，在知识获取的过程中是积极的学习者。他们在与外部世界的交往中建构新的理解，教师发展是与外部世界互动的结果，而不是外部世界的创造者。

2. 实用主义的教师角色理论

根植于杜威（J.Dewey，美）理论的实用主义认为，实践对于个人理解性知识的形成意义重大。他们并不仅仅关心教师教学步骤的技术性问题或者课堂管理的技巧，而是把专业化的教学视为一种需要细致分析掌握大量细节，并且调控多种需求的复杂的工作实践。他们关心这样一些实用性问题——什么意味着教学？教学实践者应当如何解决实践中的问题和困境？教师如何控制教学？实用主义也将教师视为一个"学习者"，教师必须在教学实践过程中不断地对自己和对工作的认识进行反思，因此将教师视为"反思性实践者"就成为顺理成章的事情。反思性教学实践应该纳入教师培养计划之中，把教师培养成专业化实践者——积极参与思考和行动，具备书面知识和实践性知识。

3. 人本主义教师角色理论

从20世纪中期开始出现帮助教师体察自己的知识和需要的论著。1955年，塞尔（A.Jersild，美）出版《当教师面对自己的时候》提出："自我认识是教师了解他们自己、获得自我接受的正确态度的最重要的条件。"20世纪60年代，教师教育者开始利用马斯洛（A.H.Maslow，美）等人本主义心理学家的研究成果培养教师自我发展的意识。

人本主义对教师角色达成了几个方面的共识：教师与学生之间要建立积极的关系；教学应该以学生为中心，教师信任学生，激励学生发现自己的情感体验，发展他们明确的自我概念，帮助学生认同他人，与他人分享感情，使学生意识到自己的态度和价值，并且做出相应的行为；教师个人的认知与情感应该得到综合发展；教师应该具有信任感、真诚感和自信感，努力成为自我实现的人。

4. 批判教育理论的教师角色观

批判教育理论认为，学校教育就是国家资助的制度化过程，旨在将年轻人培养为成年人和公民，而教师的角色是权力的仆人和国家的直接行动者。批判理论属于宏观的理论，将之细分，又可分出三派，它们都从自己的视角出发来看待教师的角色：第一，与非学校化运动联系的理论认为，教师是国家官僚机构的成员，是教育的技术人员。第二，与社会结构功能主义联系的新马克思理论认为，教师在课堂结构和社会经济再生产过程中占有客观位置。教师属于中产阶级或者小资产阶级，教师的作用就是监控、管理和调教未来服务于资产阶级的工人。第三，与阶级文化理论联系的理论认为，教师是积极参与并且逐步改变其工作环境的角色。

在批判教育学家们看来，教师在教育改革中扮演着关键角色，教师素质对于学生素质至关重要。教师如要成功地扮演积极的变革者角色，就必须主动地反思自己在学校教育中的角色，具有理论建构能力，并且为实现社会公正这一理想而工作。

自 20 世纪 30 年代以来，角色理论成为社会学、心理学与人类学三大领域跨学科发展的契合点之一。许多社会学家和心理学家通过研究，不断地提出具体的角色概念。角色结构论者创造了角色丛和角色冲突等概念，角色结构过程论者提出了"角色扮演""角色形成""角色距离""角色退场"等重要概念。例如，个人卸去他们以往所承担的角色称为"角色退场"。角色退场会使人面临角色心理的调试问题，可能会引起严重的心理矛盾冲突，例如，退休的老人从某项职业中退出，年老的干部从领导岗位上退下来，会产生严重的失落感。

二、现代教师角色观

（一）教师角色的概念及其特点

社会分工意味着某个人或某一类人在社会关系中处于特定地位，其职能有别于其他的个人或其他类别的人，以此将社会角色区别开来。所谓教师角色是指处在教育系统中的教师对其特殊地位及其社会期望的认识并表现出来的行为模式。与其他角色相比，教师角色具有以下几个方面的特征。

1. 教师角色具有自主性与个体创造性

作为教师的服务群体——学生呈现出迥异的个性差异，单靠一本教科书并不能满足教师对其教育对象的培养。具备不同的能力、气质、性格的教师会依照他们对教材的理解，结合个人的教学经验，判断选择适合学生具体发展需要的教学内容和教学手段，并用个性化的语言、肢体表达，以不同的情绪、情感感染学生，教师的表现体现了丰富的人体创造性。

2. 教师角色具有完美的人格化特征

教师角色总是由某个具有特殊人格的人来扮演的，人格给角色以个性活力。与其他角色不同的是，教师的品格意志、道德面貌、情感态度、学识能力和言行举止同时对一个群体的学生产生潜移默化的影响，每个学生身上都带着教师劳动的痕迹。因此，社会对教师的要求已经不只是一种单纯的职业，而是有更完美的人格化要求。

3. 教师角色具有多样性和发展性

没有一位教师会认为除了教书，什么都不用做。教师肩上所承载的各种期待会随着社会的发展而发生变化。初任教师的适应与调整得到了最中心的关注，相比之下，成长为专家的教师则需要把研究者的角色作为自己未来的发展目标。教师角色的多样性和发展性已经渐渐被证明是教师心理压力的来源。

4. 教师角色具有弥散性和模糊性

医生的工作是通过治愈一种疾病而终结，律师的工作随着一个案件的结案而终结，教师的工作并不是通过一个单元的教学就宣告结束。教师的工作无论在时间还是空间上，都具有连续不断地扩张的性质，具有无边界性的特征。如此没有明确的界限，许多教师不知道他在什么时候才算完成工作。

（二）教师角色的演进

1. 国外教师角色定位

国外的传统观念把教师角色定位为：教师是"专家"，是"学生行为的塑造者""知识的传授者"，是"教育环境的设计师和规定者"。

现代经济全球化背景下的教师被寄予新的角色特征：

第一，教师职责更为突出地表现于为市场经济培育应用型人才，是具有全球化思维品质，能包容多种文化和从事多元文化教学的人；

第二，学校情境中的教师角色是管理者和决策者。教师推动教育的发展，成为教育改革的参与者和决策者；

第三，重视教师的自我职业角色，教师是自我发展者，是反思型实践者。

2. 我国关于教师角色的隐喻及评价

教师是一个崇高而神圣的职业，社会上给教师这个角色以多种隐喻，如"蜡烛""园丁""工程师""一桶水"等。这些教师隐喻是基于教师工作复杂性、多样性、特殊性的特点从不同视角对教师角色的定位。透过这些隐喻，我们可以看出中国传统的教师角色观。

（1）"蜡烛论"

"春蚕到死丝方尽，蜡炬成灰泪始干。"在古诗中，蜡烛即被赋予了牺牲自己、照亮别人的崇高精神。用蜡烛比喻教师，其含义非常明显：强调教师的无私奉献精神。可以说，蜡烛是我国传统教师形象的写照。

用现代的眼光来看"蜡烛论"，它既有积极的一面，也存在着许多不合理之处。其积极意义在于这种比喻有利于提高教师在社会中的地位，促进尊师重道的传统社会风气形成，但同时其不合理之处也很明显，"蜡烛论"有将教师拔高为"圣人"的倾向而忽视了教师的物质生活和经济地位。其实，教师作为一个自然人，也应追求自己的生活发展，在为人师表的同时也应该创造条件发展自己，实现自身生命意义的提升。过分地强调教师顺从社会期望和无私奉献，对教师来说是一种无法实现的期望，也是一种束缚其发展的巨大包袱。因此，"蜡烛论"只不过是对传统教师形象的生动刻画，无法适应当今社会对教师角色的要求。

今天的教师应该是"长明灯"，为学生的发展和自己的成长而不断地充电，于人于己都受益无穷。

（2）"工程师论"

教师是人类灵魂的工程师。这是一种常见的教师角色隐喻。"工程师论"的积极意义在于肯定教师所从事的工作是高尚的，教师的工作不仅仅是向学生灌输知识和能力，更为重要的是发展学生的心灵，促进其人格的发展。但是把教师比作工程师也有欠妥的地方，它曲解了师生关系，夸大了教师在教育活动中的作用，不恰当地把教师提升到一个神圣的境地，似乎教师是一个万能的上帝，可以按照一定的方案塑造学生的精神。同时，教师仅作为既定方案的执行者又难以发挥自身的主动性和创造性，从这个意义上说，"工程师论"又有自相矛盾之处。

（3）"园丁论"

教师是辛勤的园丁。这也是一种常见的教师角色隐喻。"园丁论"把学校看作一个花园、果园或者菜园，是儿童生活的场所，儿童的活动不受教师或教材的限制，而由儿童自主决定。儿童是教育活动中的主人，他们可以自由地思考和探索，获取他们认为有用的知识。教师的作用是帮助儿童进行各种活动，包括创设环境、准备工具，在儿童需要的时候给予帮助并努力引导和发展其兴趣，引导他们逐步走向更为深入的探索活动之中。从这个方面来看，"园丁论"体现了进步主义教育的主张。但总体来看，"园丁论"注重儿童在学习中的地位的同时，弱化了教师的作用。相对于工程师论来说，园丁论呈现出某些矫枉过正的倾向。因此，与其把教师比喻为园丁，倒不如把教师比喻为太阳。太阳的特点是：太阳的情怀在于奉献而不在于索取；太阳有永恒的光和热，永不匮乏；在太阳的照耀下，万物可以成为独立的生命体。

（4）"一桶水论"

教师要给学生一碗水，自己要有一桶水。这一隐喻就形象地反映应试教育对教师职业能力在量的方面的要求。

"一桶水论"的缺陷是很明显的：其一，它所隐含的学习观念非常狭窄，认为学生所学习的知识主要是学校内、课堂上、书本上和教师拥有的知识，没有看到学习的内涵其实十分丰富，学习完全可以超越书本、课堂和教师，延伸到更为广阔的生活世界；其二，从师生关系方面来看，"一桶水论"将教师和学生分别看成"倒水者"和"接水者"，学生在学习中处于被动地位，完全依赖于教师的施舍，并且认为学生在学校教育阶段从教师那里获取的一点固定知识就终生够用了，这完全忽略了学生作为独立学习者和终身学习者的能动性和实际需求。因此，这种隐喻已经很难以适应当今社会对教师角色的要求了。

（三）现代教师角色观

近年来，随着我国素质教育改革和基础教育新课程改革等的不断深入，以及教师专业化运动在我国的蓬勃发展，教师的角色转换问题成为教育理论界研究的一个热点。不同的研究者从各自的视角出发来阐发教师角色观，取得了比较丰富的认识。对这些研究成果，我们可以从社会和师生关系视野等视角进行梳理和概括。

1. 社会视野中的教师角色

在我国，人们对现代教师角色有一个一般的看法和认同。从这个角度看，教师角色可以概括为：人类文化的传递者，新生一代灵魂的塑造者，学生心理的保健医生，学习者和学者，人际关系的艺术家以及教学的领导者等，每一种教师角色都有其特定的内涵和特征。教师角色的类型与行如征如表 3-4 所示。

表3-4　教师角色的类型与特征

教师角色类型	典型特征
人类文化的传递者	(1) 具有乐教精神，善于激发学生学习动机；(2) 具有一定的科学文化知识水平和合理的知识结构；(3) 掌握精湛的教学艺术，熟谙现代教学设备的使用；(4) 能高效地指导学生学习，发展学生的思维创新能力
新生一代灵魂的塑造者	(1) 善于观察和分析每个学生的特点，有的放矢地进行教育；(2) 善于估计情势，预料学生的发展方向，以便使教育走在他们发展的前面；(3) 注意引导学生的自我教育，善于将集体教育和个别教育有机结合起来；(4) 能充分考虑学生的个体差异，因材施教
学生心理的保健医生	(1) 具备生理、心理卫生知识，能有效地对学生的心理问题进行准确鉴定、治疗和矫正；(2) 进行生活指导和心理咨询，预防各种不健康心理，把学生从各种心理障碍中解放出来；(3) 区分品德不良与个性缺陷，爱护学生，尊重学生，根据情况拟定适当的指导和治疗方案
学习者和学者	(1) 教师作为学生学习的导航人，必须具有既博又专的知识素养，并注意知识结构的不断更新，使之具有"精、深、新、广"的特点；(2) 注意持续学习，学会终身备课；(3) 教学相长，善于向学生学习；(4) 善于进行教育科研，做一名"学者型教师"和"专家型教师"
人际关系的艺术家	(1) 建立民主平等、和谐合作的师生关系；(2) 提倡"角色心理位置互换"，平等待人，以身作则，做学生的知己和朋友；(3) 协调教师、家长、学校、社会之间的关系和影响，使之一体化，产生最佳的教育合力，对学生进行良好的教育
教学的领导者	(1) 建立教学常规和各项规章制度，维护正常的教学秩序，确保教学工作顺利展开；(2) 倡导自觉遵守纪律，树立学生集体观念，使之由他律走向自律，充分发挥集体凝聚力；(3) 指导学生参与自身的管理；(4) 建立教师威信，将尊重学生与严格要求相结合

2. 师生关系视野中的教师角色

当前，随着工业社会向信息社会转换，教育发生了深刻的变化，"以人为本""以学生发展为本"的宣言成为时代教育的最强音。从构建新型师生关系的视角出发，新时期的教师应该担当起学生的引导者、能力的培养者、学习方法的传授者以及因材施教者等新角色。

（1）教师既是知识的输出者，又是学生自主学习的引导者、导航者。

教师作为教学人员，一个重要职责就是向学生传授系统的文化科学知识，从这个方面来说，教师仍然是知识的输出者。但随着信息社会的到来，现代教育信息技术特别是网络技术得到广泛应用，实现了信息储存、传递的高效率和高质量，使教学活动极大地突破了时空限制，教育趋向于向更多的学习者开放。由于网络学习具有便利性、直观性和个性化等优点，学习者不但可以随时随地学习，而且可以根据自己的特点来设计学习过程或方式，因而逐渐摆脱了传统学习中对教师的依赖性。因此，自主学习将成为学生获取各种知识的重要手段，教师不再是学生获取知识的唯一源泉，教师角色必须适应开放式教育的要求，适时地进行转换，教师实际上既是知识的输出者，又是学生自主学习的引导者，教师作为学生自主学习的引导者。其主要作用在于：一方面，为学生整合和优化学习资源，为学生的学习提供各种便利条件；另一方面，由于学生在眼花缭乱的信息面前容易迷失方向，教师扮演"学生的导航者"角色，为学生指明学习方向，帮助学生排除学习中遇到的各种困惑等。

（2）教师是学生创新能力的培养者。

在信息社会里，教育的一个最主要任务是激发学生的创新意识，培养学生的创新能力，让创新成为每一个人的基本生活态度，进而成为整个民族的基本品质和整个国家走向强盛的根本推动力量。因此，教师必须变书本知识的复制者为学生创造能力的培养者。教师要顺利完成这个角色转换，就必须从自己做起，培养自己的创新意识和能力，以自己的创造性工作为学生树立榜样，并且想方设法改善自己的教育教学，让学生多参与创造性的实践活动，培养学生的创造性思维和能力。

（3）教师既是知识的给予者，又是学习方法的传授者。

终身教育理念的提出使教育发生了巨大变化，传统教育的内涵与外延被大大地拓展了。学校教育既不是教育的全部，更不是唯一的教育。终身教育把学会求知、学会做人作为每个人一生中的知识支柱。学习成为人们的基本生活方式。因此，对于作为人学习的一个重要阶段的学校教育来说，最重要的不是传授给学生多少固定的知识和技能，而是要让学生掌握学习的方法。学生只有拥有了终身学习的方法，才能在自己的生命历程中持续不断地学习，才能真正自主地踏上学习和创造的征途。

为适应终身学习的要求，教师要转变传统的仅作为知识传授者的角色意识，做到既是知识的给予者，又是学习方法的传授者。作为学习方法的传授者，教师要认识到学习方法对于学生终身学习的重要性，在帮助学生形成合理知识结构的基础上，特别注意使学生成为掌握学习方法并能够创造性地运用方法的人。

（4）教师是因材施教者。

人类社会从工业社会过渡到信息社会以后，个性化教育取代整齐划一的教育不仅是必要的，而且也是可能的。适应个性化教育的要求，教师必须转换角色，由原来的强调统一性的教育者转化为真正意义上的因材施教者。教师必须能够根据学生不同的个性特点、学习类型、学习风格和学习进度等来安排教学，以促进每个学生都得到适合他自己特点和风格的最大化和最优化发展。

第三节　教师专业发展结构理论

一、教师专业发展的三种取向

根据对教师、教学、知识等概念理解的差异，可以把学术界有关教师专业发展的理论归结为三类取向：教师专业发展的理智取向、实践—反思取向和生态取向。不同的取向对"教师专业发展什么"有着不同的理解。

（一）理智取向

教师专业发展的理智取向认为，教师欲进行有效的教学，一是自己要拥有"内容"（知识、技能、价值观等），即学科知识；二是要具有帮助学生获得这些"内容"的知识和技能，即教育知识，这两类知识是教学专业最为基本的知识。知识基础对于教学专业是非常重要的，教师专业发展的重点是知识获得和行为变化。教师获得的专业知识基础是教师行为变化的基础，教师通过全面地掌握和仔细地应用理论，便能将其转化为良好的实践，而掌握了有关理论的教师如能用理论来推动自己的实践工作，知识就会对行为的变化起到刺激作用。基于这种取向，教师专业发展途径主要是通过正规的培训方式，包括职前的、在职的或者向专家或大学学者学习某一学科的学科知识和教育知识。教师专业发展就是要为教师提供最基本的专业知识基础，通过传授的方式让教师获得这些知识基础。这种教师专业发展方法虽然在不断受到质疑，但在我国，至今仍然被广泛运用着。

理智取向者认为，假设知识基础的获得是行为变化的基础，理论能够指导自己的实践，借助于理论的掌握和应用，教师能将学到的知识基础自主地转化成良好实践。教学之所以还不能成为一个公认的专业，原因就在于教学职业还没有一套有效且专门的知识技能系统。

理智取向的教师专业发展模式注重对教师专业发展内容进行客观、理性的分析，建构教师专业知识和能力结构，并最终形成可测量、易操作的指标体系。

基于这种取向，教师专业发展的途径主要是通过正规的培训方式，职前的、在职的或者向专家或大学学者学习某一学科知识和教育知识。根据教师专业发展的理智取向，教师专业发展就是要为教师提供最基本的专业知识基础，通过传授的方式让教师获得这些知识基础。

（二）实践—反思取向

实践性反思，就是教师通过对自己的教学实践进行反思、从而获得个人的成长。与理智取向强调教师专业知识与技能的掌握，寻求教师专业普遍知识、能力结构不同，教师专业发展的实践—反思取向强调教师作为一个"人"的独特性，强调教师个人生活与其专业生活的关联，更为注重教师的"个人的""实践的"专业知识在专业活动中的作用。这种观点认为教师主要不是通过接受知识，而是通过反思更清晰地理解自己，理解自己的实践，并因此而实现专业发展。

实践—反思取向更注重教师专业发展的过程性与体验性，因而非常关注情感与态度在教师成长中的重要作用。他们认为教师发展不仅是理性的成长，而且还包含着情感的丰富与深化。情感、态度并不是与认知、理性相对立的，情感与知识是内在交织的，知识以感情为前提，认知建立在情感偏好的基础上，情感又以认知为基础，情感离不开认知的诠释。因此，情感与态度在教师发展中同样具有重要作用。

基于这种取向，教师专业发展的方式有：通过诸如写日记、传记、构想、文献分析等方式单独进行反思，或通过讲故事、信件交流、教师交流、参与观察等方式与人合作进行反思；以"合作的自传"的方式，即由一组教师一起围绕目前工作的背景、当前使用的课程、所掌握和信奉的教育理论、过去的个人和专业生活等主题，写出自我描述性的文字，然后进行批判性的评论。

通过这些方式，加强教师对其自身实践的认识，并在此基础上提升教育实践。教师专业发展的实践—反思取向在我国已经被越来越多的人认可。

（三）生态取向

生态发展取向关注教师专业发展所赖以存在的环境。生态取向认为，教师专业发展不全然是依靠自己孤军奋战，也并非孤立地形成与改进其教学的策略与风格，而是更大程度上依赖于"教学文化"或"教师文化"。正是这些因素，为教师的工作提供了意义、支持和身份认同。因此，促进教师专业发展最理想的方式应当是一种合作的发展方式，要构建一种合作的教师文化。教师文化包括教师在群体中的态度、价值、信念、习惯、假设和做事的方式。

所谓教师专业的生态发展，就是在教师专业发展的过程中，以环境为依托，以环境促教学。这里所指的环境包括学校物质环境（如管理制度评价激励制度等）和教师文化环境（如教师共同体等）。

生态取向的教师专业发展与理智取向和实践—反思取向两者最大的区别可能在于：它超越了理智取向和实践—反思取向中主要关注教师本身的局限，强调教师发展的过程和成功与其所发生的环境十分相关，关注包括学校、社会在内的多种因素的和谐发展，尤其是文化的发展。发展的种子再好，若撒在石头上也不会生根发芽，因此要创造一个支持教师专业持续发展的环境。

生态取向的教师专业发展模式强调教师需要保持开放心态，加强教师之间在教学实践活动中的专业切磋、协调和合作，分享经验、互相学习、共同成长。即由小组的教师相互合作，确定自己的发展方式，但这种方式的主要注意力不是学习某些学科知识或教育知识，也不是个别教师的所谓"反思"，而是构建一种合作的教师文化。在我国，教师文化在学校中是客观存在的，但形成一种真正意义上合作的教师文化，并通过这种文化来实现教师专业发展确实还有待进一步研究。

教师专业发展的三种取向是相互联系、相辅相成的。在教师专业发展的过程中，我们很难把三者完全割裂开来，也不应该把它们分割开来。我们需要做的是，学会根据不同的教师发展情况进行有选择性的使用。对于教师专业发展的三种取向，我们很难确定哪种取向是最好的或哪种取向是最坏的。在具体的学校情境中，很难明确哪一种行动取向对教师专业发展有价值或无价值。对于教师专业发展是一个连续的过程，教师在不同的成长发展阶段有不同的任务和需求，面临不同的发展问题，需要解决不同的制约性因素。一般来说，在教师专业发展的初级阶段，理智取向的发展较为合适；在教师专业发展的高级阶段，实践—反思取向和生态取向的发展模式更为贴切。实际上，这三种取向分别从不同的侧面反映了教师专业发展的本质，对教师专业发展都有促进作用，只是强调的重点有所不同。所以，在对待教师专业发展取向的问题上，我们没有必要刻意去遵从某种取向或者是去贬低某种取向，而是要倡导选择适合自己、能够真正促进教师专业发展的取向。存在即合理，同样的道理，适合才完美。

二、教师专业发展的知识结构

教师发展无疑需要一定的知识结构，作为教师，其本身就具备一定的知识结构，最起码掌握了一定的学科知识，拥有基本的教学技能，等等。有的教师一本教科书教几年，教熟了教油了，张口就能讲，备不备课都不是问题了。可是究竟要掌握多少知识才能胜任教师这个职业呢？一线教师具有丰富的教学经验，学科知识经过多年的教学也很熟悉了，要想专业发展，需要什么样的知识结构呢？

对于教师需要"什么样"的知识，传统上人们认为教师所需要知道的基本上就是他们所要教授的。也就是说，教师需要的是学科内容方面的知识。根据门罗（P. Monroe，美）的《教育百科全书》一书所说，这种观念在实践上一直延续到18世纪，尽管自文艺复兴起教育就开始受到越来越多的关注。从19世纪早期开始，"人们开始同意这样一个原则，即教师应当不仅知道他们所要教授的科目的知识，也要知道他们进行教学的艺术。"也就是说，除了学科内容知识之外，教师还需要学习关于教学的知识。

自20世纪80年代初开始，教师知识成为迅速发展的教师教育研究的一个焦点议题。在关于教师专业知识的研究中，较具有影响的当首推课程研究专家舒尔曼（L.S.Shulman，美）所架构的教师知识的分析框架。舒尔曼认为教师必备的知识至少应该包括如下七个方面。

第一，学科内容知识。

第二，一般教学法知识，指超越具体学科之上的有关课堂组织和管理的一般原理和策略。

第三，课程知识，指对作为教师"职业工具"的教材和教学计划的掌握。

第四，学科教学法知识（教学的内容知识），指对所教的学科内容和教育学原理有机融合而形成的对具体课题、文体如何组织、表达和调整以适应学习者的不同兴趣和能力以及进行教学的理解，可以说是学科内容知识与教育专业知识的混合物。

第五，有关学生及其特性的知识（关于教育对象的知识）。

第六，教育脉络（或背景）的知识，包括班级或小组的运转、学区的管理与财政、社区与文化的特征等。

第七，有关教育的目的目标、价值、哲学与历史渊源的知识。

舒尔曼认为，在上述知识中，学科教学法知识是特别重要的，因为它确定了教学与其他学科不同的知识群，体现了学科内容与教育学科的整合，是最能区分学科专家与教师的不同的一个知识领域。学科教学法知识是教材内容与一般教学法融为一体的知识，是对具体的教学目标与教学任务进行组织、表征，以适应不同学生的兴趣与能力的知识。此类知识的内容有例子、类比、图解、解释和演示等，还涉及对学生当前知识状况的了解，如何将新概念与学生已有的知识结构相联系，明了对于学生而言，教学内容的难易所在及原因。教师通过运用这个整合性的知识，可使学生更容易地理解和掌握教学内容，实现有效教学，因而，学科教学法知识是教学中最为重要的知识。

教师的知识也可以被称为实践知识，当教师遇到各种人物和问题的时候，教师的知识可以引导教师的工作。他把教师的知识分为五类：

第一，学科知识；

第二，课程知识（关于学习的经验及课程内容的建构）；

第三，教学知识（关于课堂管理，教学常规，学生的需要、能力及兴趣）；

第四，教学环境的知识（关于学校及其周围社区的社会结构）；

第五，自身的知识（关于他们自身作为教师的优势及弱点）。

尽管学者对教师知识的分类不同，但是综合起来看，都认为完整、合理的知识结构是教师专业发展的前提和准备，并呈现出教师的知识结构与专业发展相互促进、互为完善的过程。

教师的教学知识最重要的来源是教师"自身的教学经验和反思""和同事的日常交流"以及"专业培训"。可是如果在大家都缺乏一定的理论基础的情境下，反思、交流很难深入，培训又往往流于形式，教师常常喜欢听专家做的半天或者一天的故事化的讲座，被感动、被震撼、被启迪，但是自己的独立思考的能力并没有太多提升，理性分析的能力缺乏理论的支撑。

因此，教师必须建构自己的知识结构，通过有针对性地阅读理论书籍，进行有主题的研讨，结合自己和同伴的教育教学问题，一点点丰富自己的教学知识，理论结合实际，从而使得自己的专业水平得到切实的提升。

（一）教师的职业承诺

教师的职业承诺（Occupational Commitment）是基于教师对自身职业的认识与感情依恋，对自身职业的投入程度和对教师规范的内化程度而形成的是否忠于职守的态度。从结构上来看，教师职业承诺包括感情承诺、继续承诺和规范承诺三种成分。情感承诺反映出教师从事教师职业的强烈愿望和喜爱程度，继续承诺反映出教师从事职业的一种义务感，而规范承诺是指教师对离开自身职业的代价的认知。

教师职业承诺对教师离职意向具有负向预测性，与教师工作满意感之间存在显著相关，具体表现在教师的职业承诺越好，他们对自我发展、工作量和经济等方面满意感越强，工作积极性越高。可见，良好的职业承诺对教师个体专业发展具有促进作用，它是教师获得专业发展的内在心理条件。

（二）教师的知识结构

教师的知识结构是教师顺利从事职业的前提条件和基础。主要由本体性知识（教师所具有的特定的学科知识）、条件性知识（教师所具有的教育学和心理学知识）、实践性知识（教师灵活有效地进行教学实践所应具备的知识）和文化知识组成。

（三）教师自主发展

教师自主发展是指教师发挥自主性，运用自主策略，在元认知的调控下获得发展的过程。教师自主发展由自主意识、自主性、自主策略、自主行为和元认知等几个方面构成。

自主意识。自主发展要求教师要有自主意识，它是教师想不想自主和自主现状的意识，它反映于教师的自我概念、职业信念、自主动机和自主知觉之中。

自主性。这是教师实现自我发展所必须具备的个性心理特征，它主要包括教师的判断力、独创性、责任感、自控力、主动精神等。

自主策略。这是教师自主发展所必须具备的个性心理特征，它主要包括教师的时间管理策略、物质环境策略、社会环境策略（榜样、他人帮助）、情绪调控与归因。

自主行为。这是教师实施自主策略而表现出来的行为，它主要包括教师在教学领域中的行为、参与学校管理的行为、进行学生管理的行为、争取个人发展的行为等。

元认知。元认知接受来自教师自主行为的反馈信息，同时也接受外界环境的反馈信息，并对自主意识、自主人格、自主策略及自主行为等方面进行监控、指导和评价。

教师自主发展的结构过程详见图3-1。其中，自主意识是自主发展的开端，在自主性的指导下，制定自主策略，实施自主行为，并反馈给外界环境和元认知。元认知不断调节自主意识、提高自主性、改进自主策略，进而更好地表现出自主行为，最终获得自主发展。

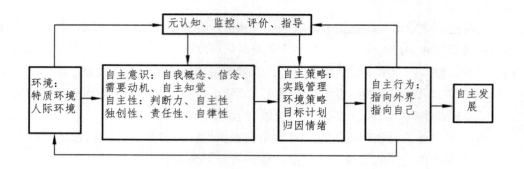

图 3-1　教师自主发展的结构

三、教师专业发展实践

综观世界各国教师专业发展的实践，在内容选择上一直存在两种主要倾向：一种是强调教师的知识更新；另一种是要求教师不断学习新的技能与技术。

目前，人们日益认识到更新知识和学习新技能之间的不可分割性。教师专业发展不仅要帮助教师更深刻、灵活地理解学科知识，还要帮助他们理解学习者的言行，掌握关于学习的知识，了解可用的课程资源和最新技术，并培养教师对实践进行分析和反思的技能。

比较理论研究者和实践工作者对教师专业发展内容的看法，可以看出，无论是理论研究者还是实践工作者，他们都不否认教师专业发展是以教师个人专业发展为起点，直接目标是提高教师的专业知识、专业技能与专业情感。实践工作者倾向于选择与学生学习、学校发展有直接关系、操作性强的内容，如将更新知识、提升技能作为教师专业发展的内容，他们不只关注教师专业发展所应具备的素质结构，更加关注专业素质机构在实践中的进一步完善。

第四章　教师的专业知识及能力

第一节　教师的专业知识

一、知识与教师专业知识

教师作为一种专门的职业，需要具备广博的专业知识基础；教育作为培养人的一项事业，需要教师具有比较扎实的专业知识理论。教师应该掌握如下方面知识：教育的基础知识、学生指导的知识、管理班级的知识、学科知识、教学设计的知识、教学实施的知识、教学评价的知识。

知识的概念一直很难有一个确切的定义，但知识显然又每时每刻都在我们身边。当代更是知识爆炸的社会，各种知识被发现、生产、创造出来，令我们应接不暇。我们尝试去探寻"知识"概念的本源，分析"知识"概念的发展，或许可以对"知识"这个概念有更加深刻清晰的理解。在此基础上，我们分析各种教育流派或者各种教育思潮对教师专业知识的理解、对教学观的看法，从而达到由浅入深、由表及里地理解教师专业知识内涵的目的。

（一）知识的词源分析

从汉语词源看：知识的"知"，字从矢从口，矢亦声。"矢"指射箭，"口"指说话。"矢"与"口"联合起来表示"说话像射箭，说对话像箭中靶心"。故而"知"的本义是指说得很准（一语中的）。"不知"或"未知"就是指话没有说准，就好像射箭没有击中靶心。箭有没有射准，可以由报靶员证实；话有没有说准，可以由公众检验。知识的"识"，繁体写作"識"，从言从戠，戠亦声。"戠"字从音从戈，《说文》称此字的字义已因师承中断而阙如。其实，我们如今还是可以了解其本义的。"戠"字从音从戈，本指古代军队的方阵操练。"音"指教官口令声，"戈"指参加操演军人的武器。随着教官指令，军阵会出现整体前进或后退、左移或右移、横排队列依次前进、一起向左挥戈、一起向右挥戈等整齐划一的团体动作。在检阅台上往下看军阵操练，就好像我们在体育场的看台上观看团体操表演，会看到参演人员整齐划一的动作所形成的各种图形。因此，"戠"字本义就是"规则图形及其变换"。凡从"戠"之字皆此义。

综上，从词源上看，"知识"就是大家一致认可的事实或者规则，这种事实与规则跟别的事实与规则有着显著差异。换言之，知识是大家公认的，它能够解决特定领域的特定问题。

（二）知识的定义

哲学家罗素（B. Russell，英）曾说："知识是一个不能得到确切定义的名词。"[①] 知识的定义在认识论中仍然是一个争论不止的问题，国内外学者从不同角度出发给出了不同的定义。我们对这些定义做一番梳理有助于我们加深对"知识"概念的认识。

国内很多学者对"知识"这个概念进行了定义。《教育大辞典》对"知识"的定义是：知识是对事物属性与联系的认识，其表现为对事物的知觉、表象、概念与法则等心理形式，可以通过书籍和其他人造物独立于个体之外。知识按照来源划分，有直接知识和间接知识，前者从人类社会实践中直接获得，后者通过书本学习或其他途径获得。张斌从哲学的认识论角度、从广义上定义知识概念，认为知识是认识的成果。[②] 这意味着一切认识成果都是知识。宋太庆则把知识定义为：知识是经验、信息工具、逻辑和思想创意的数字符号系统。知识是符号系统，是符号的符号系统。[③] 这样的认识显然很偏执。

国外对于"知识"的定义技术化程度更高。一个经典的定义来自柏拉图（Platon，古希腊）：一条陈述能称得上是知识必须满足三个条件，它一定是被验证过的，正确的，而且是被人们相信的。知识可以分为四大类：一是知道是什么的知识（Know-what），主要是叙述事实方面的知识；二是知道为什么的知识（Know-why），主要是自然原理和规律方面的知识；三是知道怎么做的知识（Know-how），主要是指对某些事物的技能和能力；四是知道是谁的知识（Know-who），涉及谁知道和谁知道如何做某些事的知识。

现代专门对"知识"进行专业化研究的学科当属教育心理学。个体通过与环境相互作用后获得的信息，在心理学上称之为"知识"。按现代认知心理学的理解，知识有广义与狭义之分。广义的知识可以分为两类，即陈述性知识和程序性知识。陈述性知识是描述客观事物的特点及关系的知识，也称为"描述性知识"。陈述性知识主要包括三种不同水平：符号表征、概念、命题。符号表征是最简单的陈述性知识。所谓符号表征就是指代表一定事物的符号，例如，学生所学习的英语单词的词形、数学中的数字、物理公式中的符号、化学元素的符号等都是符号表征。概念是对一类事物本质特征的反映，是较为复杂的陈述性知识。命题是对事物之间关系的陈述，是复杂的陈述性知识。命题可以分为两类：一类是非概括性命题，只表示两个以上的特殊事物之间的关系；另一类命题表示若干事物之间的关系，这类命题叫概括，如圆的直径是它的半径的两倍，这里的倍数关系是普遍的关系。程序性知识是一套关于办事的操作步骤的知识，也称"操作性知识"。这类知识主要用来解决"做什么"和"如何做"的问题，用来进行操作和实践。策略性知识是一种较为

① 鲍宗豪. 论无知：一个新的认识域. 上海：上海人民出版社，1997.
② 张斌. 技术知识论. 北京：中国人民大学出版社，1994.
③ 宋太庆. 二十一世纪白皮书——知识革命论. 贵州：贵州民族出版社，1996.

特殊的程序性知识。它是关于认识活动的方法和技巧的知识。如：如何有效记忆，如何明确解决问题的思维方向等。

综上所述，现在普遍被接受的"知识"定义是：人类在实践中认识客观世界（包括人类自身）的成果。它可能包括事实、信息、描述或在教育和实践中获得的技能。它可能是关于理论的，也可能是关于实践的。知识的获取涉及许多复杂的过程：感觉、交流、推理。知识也可以看成构成人类智慧的最根本的因素。

（三）各种教育思潮的知识观及教学观

人类知识革命不仅在时间速率上呈现加速度的趋势，在内容和程度上，也呈现爆炸特征。今天，这种知识爆炸已经带来了世界运行方式（政治、经济、社会、工作和生活）的根本变化，而且使得知识学习中最重要的能力从全面掌握知识的能力转变为知识选择或运用知识决策的能力。与此同时，知识内涵得以重新认识与再发掘，因此各种理论视角下的知识观不断涌现，多元化的知识观让我们更加立体、清晰地去认识这个社会。

所谓"知识观"，代表着人们对于知识的内涵、外延、类型、作用、地位、存在和获得方式的根本看法。在不同的时代、社会和文化背景下，人们的知识观会有很大的不同。而这种不同，不仅影响着特定时代人们的思想、行为与生活方式，也使得教育思想、教育制度、教学方法乃至人才培养模式发生重大的变革。

1. 进步主义教育的知识观

进步主义最重要和根本的特征是反对传统教育。一般认为，美国教育哲学家杜威（J. Dewey）是美国进步主义教育的代表者。在杜威 1916 年的《民主主义与教育》著作中，他阐述了系统知识的特点与作用，认为它是一个处于疑难的情境时可以依靠的已知的、确定的、既成的、有把握的材料，它是心灵从疑难通往发现的一座桥梁，它具有一个理智的经纪人的作用，它把人类以往经验的最后成果压缩精简，记录成可用的形式，作为提高新经验的意义的工具。[①] 杜威说："'知识'这个名词用来指两种很不相同的东西，一种是亲切的和有生命力的个人的真知灼见，在经验中获得和经过检验的信念；一种是第二手的，基本上是使用符号的认识，人们一般相信这是一种没有生命力的遥远的知识。后面这种知识不能保证行为，它不能深刻地影响性格。但是，知识如果是通过尝试和检验而获得的，像我们通过尝试和检验而确信糖是甜的，奎宁是苦的，那么情况就不同了。"[②] 杜威这句话强调各种知识（包括道德知识在内）变成个人知识的最重要途径是体认；而且认为只有这种"体认之知"才能超越"见闻之知"，也才能堪称真正的，对于个人而言能够发挥作用的知识。这种见解，实际上为他创建的学校中的教师教学指明了方向，那就是：尽一切可能，为学生提供"体认"的机会，使得外在于学生的知识真正内化为他们个体精神与生命成长的养料。

①② 杜威. 民主主义与教育. 王承绪，译. 北京：人民教育出版社，1990.

2. 改造主义教育的知识观

改造主义自称是进步主义的真正继承者。的确，其代表人物布拉梅尔德（T.Brameld，美）等代表了进步主义的左翼。但是，与"儿童中心"的主流观点不同，他们认为进步主义的方向需要改变，即"少强调个人中心、个人主义的教育，多强调社会中心、社会改造的教育"[1]，他们更重视教育对于社会改造的意义以及社会对于人的制约作用，这也导致了他们最终与进步主义分道扬镳。改造主义教育最根本的思想是：社会需要进行持续不断的改造和变化，包括教育的改造和变化；而且，社会改造的理想也需要依靠教育的力量才能实现。

在知识观方面，改造主义与进步主义，特别是杜威的观点有许多一致之处，如改造主义认为知识来源于经验。观念、概念、学说等对环境的主动改造是一种工具性的东西，它的价值取决于能否取得成功；同时，改造主义也不承认绝对的终极真理。但是，改造主义与进步主义知识观是存在明显差异的，主要表现在以下几个方面。首先，改造主义认为，知识和真理的出发点是追求目标的社会，而不是个人。其次，在知识获得方面，改造主义认为，进步主义主张的实验和解决问题的方法有其缺点，它们主张采用一些特殊的方法来达到知识获得的目的，如布拉梅尔德提出的"社会一致"（Social Consensus）的探索真理的方法。所谓社会一致，它不涉及如何认识某一事实的过程问题，而只涉及如何规划未来的理想社会问题。社会一致要求团体成员对提出来的未来目标加以证实，提出证据。

也就是说，真理取决于团体内尽可能多的成员的同意以及是否按照这种同意来行动，团体一致同意的目标和手段就是所要寻求的真理。

3. 要素主义教育的知识观

要素主义的教育目的是传递人类文化遗产的要素或核心，对于个体而言，则需训练其理智与道德的和谐发展。它同西方保守的政治主张与保守的政治势力有着内在的联系。要素主义认为，知识就是思想和观察到的事实相符合，反对完全依赖经验的认识方法和教育上与之对应的"做中学"。要素主义对于教师和课程的影响显然与进步主义存在着重大分歧，表现在：它强调课程本身严密的逻辑组织，认为学校的课程应当给学生提供分化了的、有组织的经验（知识）。若不是这种类型的知识，学生需要自己去分化和组织知识，则会降低教育的效能。

4. 永恒主义教育的知识观

"永恒主义"的名称得自其"复古"特征。它否认世界的变化，强调"共同人性"，认为变化只是表象，而其本质永远不变。永恒主义的代表人物赫钦斯（R.M.Hutchins，美）说：在普通教育中，我们所关心的是引出我们共同的人性中的种种因素；我们所关心的是属于民族的而不是属于个人的不必需的东西。[2] 因此，他们认同早在古希腊时代就形成的关于知识的观念，强调知识是对普遍性的本质的把握，是永恒不变的。永恒主义代表着西方传统悠久的人文主义思潮，在 20 世纪 30 年代曾与进步主义观点发生过激烈辩论，也是

---

① 陆有铨. 躁动的百年：20世纪的教育历程. 济南：山东教育出版社，1997.
② 赫钦斯. 普通教育[M]. 华东师大教育系，杭州大学教育系，编译. 现代西方资产阶级教育思想流派论著选. 北京：人民教育出版社，1983.

人文主义与科学主义竞争的重要流派。

（四）当代教育哲学中的知识观及教学观

当代教育哲学对于教育教学影响很大，特别是对于教师掌握哪方面教学知识，如何进行教学产生了深远的影响。

1. 分析教育哲学的知识观

分析哲学是 20 世纪 50 年代流行于英美的现代哲学流派，分析教育学家针对教育理论中的一般概念和术语进行了批判和分析。他们对课程的关注要超过其他学派，他们对"知识"产生了很大的兴趣，英国的分析教育学家的代表人物赫斯特（P.H.Hirst，英）在 1965 年发表的《自由教育和知识的性质》可以看作这一学派的"知识宣言"。他认为，知识的形式实际上就是系统表述的经验方式。[①] 由于经验与表述的差异及其特殊性，造就了不同知识形式的特征：一是每种形式的知识（如自然科学、道德）都包括一些特有的中心概念；二是在某一特定形式的知识中，许多中心概念形成一张关系网，从中理解经验，它也是这种形式知识的独特逻辑结构；三是各种形式的知识中都有特殊术语，并据此产生知识的表达方式；四是对于知识的这些形式，已形成一套特殊的探索经验和检验技巧。

根据上述四个特征，赫斯特将人类知识分成六种形式：一是形式逻辑和数学；二是自然科学，它所涉及的是那些能被考察证明和否定的陈述；三是对自己和他人心智的理解，这种知识在人际关系、社会科学和心理学中占有很重要的地位，能帮助人更好地生活和工作；四是道德判断和意识；五是美感经验；六是哲学理解。西方学者评论道：赫斯特的早期著作可看作对传统文法和公学课程的捍卫。也有人批评说：这种知识形式忽略了情感和情绪以及其他非认知因素，尤其是忽略了技能性知识。

2. 存在主义教育的知识观

存在主义是 20 世纪 20 年代在德国产生的哲学思潮，是资本主义危机在意识形态方面的反映；重要的代表人物有海德格尔（M.Heidegger，德）和雅斯贝尔斯（K.Jaspers，德）。他们认为，个人存在是一切存在的出发点，哲学研究应当注重个人存在，揭示存在的意义并实现真正的"存在"。

在知识观上，存在主义者认为，知识之所以重要，并不是由于它本身重要，而是由于它帮助我们取得个人自由。学生必须把其所学的知识融会贯通地应用在自己的生活中。知识一定要对他本人发生影响，而不只是使其考试及格而已。所以存在主义的目的不在于加强"思想的正确性"，而是提高存在的真实性。

---

① 陆有铨.躁动的百年：20世纪的教育历程.济南：山东教育出版社，1997.

3. 后现代教育的知识观

后现代是一个十分混杂而多元化的运动。英国学者奥顿奈尔（K. O'Donnell，英）这样解释：人们把自 20 世纪 50 年代发展起来的一系列哲学观点和美学风格称为"后现代主义"。"后"指的是"在……之后"；"现代"指的是"时下的"和"现在的"。所以，"后现代"一词也可以译为"超越现代"。后现代主义关心的是非线形的、表现力丰富的、超越理性的思想。它们曾受启蒙运动影响，被边缘化和弱化，虽然其间充斥着许多相左的观点，但在这一切的背后，隐藏着一个信仰，即人类所有知识都是有限的，而且受特定文化的影响。每一时代都有一定的思维定式，人类天生如此。因此，要获得纯粹、原本的真理，就不能躲避语言的樊篱，不能跳离当时的思想。故而，在特定的物质条件下，绝对和永恒是不存在的。的确，进入后现代时期，全世界各种类型的社会似乎都处于变化之中。

在知识观上，后现代主义提出了许多与以往理论不同的观点，主要包括四个方面。一是从既定知识观到流动知识观。知识被放在历史的长河中考察，它是"流动的"，而不是静止的。所有现在的知识都是在人们过去经验的影响下被创造出来和被理解的，因此，知识不可能是完全"中立"的、"价值无涉"的；所有的知识都只是人们在某一阶段的"认识的成果"，它需要得到不断的检验，在将来得到不断的发展与更新，因此它不可能是完全"确定的"。知识既不是客观的东西，也不是主观的东西，而是个体在与环境的相互作用中主动建构的结果。二是由普遍化的知识观到境域化的知识观。后现代知识观强调，知识不仅是文化的因素，而且是文化的产物，不同文化形态会产生不同知识类型和不同知识体系，任何知识都存在于一定的时间、空间、理论范式、价值体系等文化因素之中，其意义不仅由其自身的陈述来表达，而更由其所处的整个意义系统来表达，都是在一定的具体环境之中才是有用的，因而强调知识的境域性。任何知识只是把握认识对象性质与关系的一种假设，这种知识有待于进一步修正与完善，唯有通过长期的亲身实践，才会领悟到这些境域性知识的存在和本质内涵。三是从一元化的知识观到多元化的知识观。后现代主义放弃了对同一性的追求，强调对事物的多元化的理解，提倡以宽容的心态对待异己。因为知识不是客观的，它不可能以实体的形式存在于个体之外。尽管语言赋予了知识一定的外在形式，并且获得了较为普遍的认同，但这并不意味着学习者对这种知识有同样的理解。真正的理解只能由学习者自身基于自己的经验背景和认知取向而建构起来的。不同的人出于不同的个人经验、不同的认识立场，对同一事物的理解也完全可能是多样化的。多元化的知识观消解了科学知识的权威性，认为不同类型的知识（如科学的知识和艺术的知识）之间是平等的关系。正如哲学家利奥塔（J.F.Lyotard，法）所指出：知识不应该只关心真理问题，还应该关心正义、幸福和美。四是由累积性的知识观到批判性的知识观。累积性与批判性是描述知识增长的方式和机制的。累积性是现代知识增长的方式，主要依靠学科知识的积累，当积累到一定程度时才会产生突破，知识才有所发展。批判性是后现代知识增长的方式，既依靠某门学科知识的积累，更依靠知识的怀疑、猜测、争鸣和反驳。累积性的知识增长具有线性的特征，批判性的知识增长则具有非线性的特征。前者的道路是唯一的，资料的占有成为科学工作的重要组成部分，新资料的发现成为知识发展的动力，最后的结果是趋向一致的结论；后者的道路是多样的，问题的寻找和理论的猜测成为科学工作的核心，问题的深化才能促进知识的发展，新的问题在什么地方产生，新的理论就在什么地方出现，没有一个最后的一致的结论，知识发展的方向是无限多样的。

二、教师专业知识结构

教师从事教学工作必须以广博的专业知识作为基础，而在事实上，教师却无法穷尽所有跟教育有关的知识。因此，找到教师专业知识结构就成为一项非常必要的工作。

（一）对教师专业知识结构的理解

心理学与教育学两大学科领域对于教师专业知识结构进行了深入的研究，形成了各自的理解。大致说来，心理学领域侧重研究教师专业知识各个维度之间的相互关系，而教育学领域侧重于教师专业知识的价值维度研究。

认知心理学是从知识的来源、个体知识的产生过程及表征形式等角度对知识进行研究的。如皮亚杰（J.Piaget，瑞士）认为，经验来源于个体与环境的交互作用，这种经验可分为两类：一类是物理经验，它来自外部世界，是个体作用于客体而获得的关于客观事物的认识；另一类是逻辑—数学经验，它来自主体的动作，是个体理解动作与动作之间相互协调的结果。如儿童通过摆弄物体，获得关于数量守恒的经验，学生通过数学推理，获得关于数学原理的认识。皮亚杰对知识的定义是从个体知识的产生过程来表述的[1]。心理学家布卢姆（B.S. Bloom，美）对教师应具备的职业知识的内涵解释如下：第一，特定学科领域知识（教师自己掌握的系统学科知识）；第二，学校教学的学科知识（是向学生传递的学科内容知识，与前一种知识不同，须符合教育和学校教学的基本目标）；第三，教师对学校教学的学科知识本质的理解，即学科教学的哲学认识；第四，教学法知识，关于教学方法、策略以及教学活动的组织与管理方面的知识；第五，特定学科的教学法知识；第六，上述各部分知识的整合，形成教学专长[2]。皮连生的"知识"定义显示出认知心理学的新发展，他认为可以把知识定义为个人通过与其环境相互作用后获得的学习及其组织被储存于个人内部，即为"个人知识"；通过书本或其他媒介储存于个人知识外部，即为"人类知识"[3]。

教育学视角从知识的分享，知识的生命价值等角度对教师专业知识结构开展了研究。布卢姆在《教育目标分类学》中认为，知识是"对具体事物和普遍原理的回忆，对方法和过程的回忆，或者对一种模式、结构或框架的回忆"，这是从知识所包含的内容的角度说的，属于一种现象描述。艾莉（V.Allee，美）认为，知识是被交流和共享的经验和信息。[4]这一定义不强调知识的"先在性"，而是关注已有知识发生作用的方式和知识的人际传递形态，而且还出现了知识的选择性维度（她认为知识在交流时已被选择了）。同时，她界

① 邵瑞珍. 教育大词典. 第5卷[M]. 上海：上海教育出版社，1980.
② 刘兹波. 教师知识与技能的发展研究[D]. 上海：华东师范大学博士论文，2010.
③ 皮连生. 智育心理[M]. 北京：人民教育出版社，1997.
④ 维娜·艾莉. 知识的进化[M]. 刘民慧译. 珠海：珠海出版社，1998.

定了两种知识类型：默认知识是存在于个人中的私人的、有特殊背景的知识；明确的知识是在个人之间以一种系统的方法传递的更加正式和规范的知识[①]。陈向明认为，教师知识包括理论性知识和实践性知识。教师的实践性知识是教师专业发展的主要知识基础，它们是教师内心真正信奉的，在日常工作中"实际使用的理论"支配着教师的思想和行为。其包括教师的教育信念、教师的自我知识、教师的人际知识、教师的情境知识、教师的策略性知识、教师的批评反思知识等。此外，还包括教师对理论性知识的理解、解释和运用原则[②]。刘竑波认为，在理解知识的含义时，有必要把作为人类社会共同财富的知识与作为个体头脑中的知识区分开来[③]。人类社会的知识是客观存在的，但个体头脑中的知识并不是客观现实本身，而是个体的一种主观表征，即人脑中的知识结构，它包括感觉、知觉、表象等，又包括概念、命题、图式，它们分别标志着个体对客观事物反应的不同广度和深度，这是通过个体认知活动而形成的。一般来说，个体知识以从具体到抽象的层次网络结构的形式存储于大脑之中。哲学主要对人类社会共同知识的性质进行研究，心理学则主要对个体知识的性质进行研究。

心理学视角与教育学视角对教师专业知识的不同理解丰富了教师专业知识结构的理论大厦。

（二）本体性知识、条件性知识与实践性知识

教师的知识主要有两个来源与三个方面的结构[④]。第一个来源是指教师所具备的科学文化知识及其掌握程度，包括各种文化科学的基础知识、专业学科知识、教育科学和心理科学知识。第二个来源是指教师在长期的教学工作中不断探索，总结出一套行之有效的课堂情境知识和解难题知识。前者大多属于教师的间接知识，而后者属于教师的直接知识。教师的知识可以分为三个方面的结构内容：本体性知识、条件性知识和实践性知识。这三个方面共同构成教师的知识结构。这三个方面是本部分阐述的主要内容。

1. 本体性知识、条件性知识与实践性知识的内容及其研究成果

将教师的教学活动作为一种认知活动来探讨是关于教师知识最早的研究。教师知识作为教师认知活动的基础成为研究的重点。一种人们普遍熟知的教师知识就是关于教师的本体性知识。教师本体性知识是指教师所具有的特定的学科知识。

教师的本体性知识是教学活动的基础。在教学活动中，一切努力又都是围绕着本体性知识的有效传授的。教学的最终绩效是用学生掌握的本体性知识的质量来衡量的。

教师的本体性知识与教学有效性之间是否存在一种恒定的正相关？对此问题的回答影响教师培养的目标方向。教育科学和心理科学知识是教师成功地进行教育教学的条件性知识，它包括三个主要方面内容：学生身心发展的知识、教与学的知识和学生成绩评价的知识。教学过程是教师将其具有的学科知识转化为学生可以理解的知识的过程。在此过程中

① 维娜·艾莉. 知识的进化[M]. 刘民慧，译. 珠海：珠海出版社，1998.
② 刘爆波. 教师知识与技能的发展研究. 上海：华东师范大学，2010.
③ 刘兹波. 教师知识与技能的发展研究[M]. 上海：华东师范大学，2010.
④ 衷克定，申继亮，辛涛. 论教师知识结构及其对教师培养的意义. 北京：中国教育学刊，1998（3）.

使用教育学和心理学规律来思考学科知识，对学科知识的重组和表征是现代教育科学的基本要求。儿童、青少年的心理发展规律是教育实践和教育改革的出发点。因此，这三个方面的条件性知识尽管技术性成分较多，但也需要在教学中不断反思与自我化改造。

现代学者和改革家们则认识到，教师学科知识与教育学、心理学知识对教学来说都是至关重要的。他们提出教育内容知识的概念，将其用于确定教师对他们的学科知道多少以及他们是怎样把这种知识转化到课堂教学上来的。教育内容知识是教师对教育学、心理学、学科知识、学生特征和学习背景的综合理解。

教师教学水平提高的过程，在一定程度上是将知识与教学情境相结合的过程。教师在实施自己有目的的行为过程中所具有的课堂情境知识和解难题知识，形成了教师的实践性知识。对教师实践性知识的研究包括，对教师个人实践性知识的研究和对课堂知识结构的研究。

课堂知识的研究是要将各种不同的教学情境中的教师知识在一般意义上系统化。该研究的理论依据是生态学观点和图式理论。生态学观点注重环境的要求以及这些要求对思维和行为的影响。图式理论则是通过知识组织和理解过程，将知识与环境中发生的事件联系起来，从而使个体的知识结构与所在情境中的情境结构在功能上协调一致。课堂知识将不再是从外部课程或从研究中推断的命题知识，而是一个情境化知识，是基于课堂事件的一般经验知识。

2. 本体性知识、条件性知识与实践性知识的相互关系

本体性知识、条件性知识与实践性知识的研究为教师知识结构的研究建立了彼此之间的功能关系：教师的本体性知识是教学活动的实体部分。教师条件性知识对本体性知识的传授起到一个理论性支撑作用。教师实践性知识对本体性知识的传授起到一个实践性指导作用。一名优秀的专家型教师不能仅具备本体性知识，因为他面临的是教学这样一个交互过程。条件性知识可以解决教学过程处理问题的原则，而实践性知识则可以解决教学过程处理问题的方式方法。

（三）显性知识与默会知识

对于一线教师而言，他们都要接受职前、职中与职后的本体性知识、条件性知识与实践性知识的培训，但是教学风格却千差万别，教学质量也参差不齐。究其原因，除了接受了显性知识培训之外，每个教师由于受学习动机、个人性格与成长环境等因素的影响，他们会形成不同的默会知识，而默会知识与教师教学有很显著的相关性。由于大部分教育领域的著作对于显性知识都有充分的介绍，故本部分对于显性知识只是简略地介绍，而侧重于对默会知识做较为详尽的分析。

1. 显性知识概念与内容

显性知识又称"明晰知识""外显知识"，指能明确表达的知识，即人们可以通过口头传授、教科书、参考资料、期刊、专利文献、视听媒体、软件和数据库等方式获取，通过

语言、书籍、文字、数据库等编码方式传播，也容易被人们学习，包括可以写在书本和杂志上的能说出来的知识。教师能够通过书籍查阅并学习的显性知识有如下六个方面：理解学生、理解教与学、胜任学科教学、班级管理、学校德育、家校合作等[1]。当然，这六个方面知识还需要在教学中不断练习与反思，进而形成相应的教学技能。

上述方面所涉及的专业理论知识基础十分广泛。理解学生涉及发展理论、智力理论、儿童和青少年心理学、特殊儿童教育；课堂教学涉及学科理论、学习理论、课程理论、一般教学论、学科教学论、教学评价；班级管理涉及社会学理论、激励理论、管理学理论、人本主义心理学；学校德育涉及道德教育理论、教育哲学、教育伦理学、政治经济学理论；家校合作涉及人际关系理论、社会交往理论、沟通理论。

2. 教师默会知识的习得、表现与特征

斯腾伯格（R. J. Sternberg，美）的研究指出，默会知识具有很强的行业性和职业性。教师作为一种专门性职业，其默会知识的特殊性值得探讨。某一领域的专家往往使用这类默会知识来解决自己领域里的日常问题。如，优秀的教师对于怎样讲授新课、解答习题、批改作业，往往显得游刃有余。在上面的表述中，我们看到了教学专长与默会知识的结合，专家教师恰是能够把自己的默会知识发挥到极致的人。教师默会知识的习得、形态与特征，可以具体分析如下：

（1）教师默会知识的不同习得阶段。

第一，经验学习阶段：包括自己获得的经验与从别人处得到的经验。

第二，日常化阶段：经过无数次重复，把最初外在的规则知识转化为不假思索就能反应的日常行为。比如，教师在其日常工作中有很多自动化行为。

（2）教师默会知识的全方位表现。

第一，处理教学情境中问题的特殊办法。比如，对于控制班级纪律，有些教师甚至无须动用语言，只需一个微小的动作或眼神（体态语言）就能解决问题，但换一个人就完全无效。

第二，特定的教学风格。比如，一套教案两个人讲，效果可能完全不同。

第三，处理特定班级问题的常规。教师会形成针对特定班级与学生的常规；不同教师的常规可能完全不同。

第四，以个人教育价值观为基础的师生关系。

（3）教师默会知识的基本特征。

第一，知能结合。很难用语言去分离一些教师的专业知识与行为，知识技能在解决问题的过程中呈现水乳交融的状态。

第二，反应迅速而准确。默会知识发生作用时，教师总能迅速而准确地抓住解决学生问题的症结，因而十分有效。

第三，富于洞察力。心理学家认为，这种默会知识特征的来源是选择性编码和选择性比较的协同，与第二点相联系，教师常常一气呵成地判断、做出决策并果断行动，洞察力

---

① 刘竑波. 教师知识与技能的发展研究. 上海：华东师范大学，2010.

是起点。

非判断性理解：指向感知和理解学生在情感、情绪和建构人生意义方面的主体性。其最基本的实例是友谊，包含倾听与理解；它是一种接受性的、开放性的、同情和帮助性的聆听方式，以洞察学生内心世界的能力为基础。

发展性理解：要求教师像儿童心理学家、学校咨询专家和社会学家那样去工作，理解从儿童到青少年阶段的生活成长中特有的关于发展、家庭、文化和社会的各类模式，能够解析其认知和道德发展的典型阶段及特征，诸如同伴群体的作用，独生子女的心理和行为特点，离婚家庭的儿童行为，青少年亚文化现象等。

分析性理解：在生活中最能够表现出这种理解的人士是教士、牧师或精神咨询顾问。生活中学生常常遭遇种种苦恼，教师的分析性理解能促使他们从黑暗的情绪中解脱出来。当这种理解的目的是使学生形成强烈的良知、精神和勇气，帮助他们把隐藏的有害情感转换成个人的积极力量时，这种理解才真正成为教育性理解。

教育性理解：这种理解是对学生知识、能力、特长、社交和情感发展的综合评判，而不仅限于学业评判。教师应对学生社交和情感发展中的优势和弱势进行一个全面判断，并给予针对性帮助。学生的学业成就必须与其自我成熟和社会责任感的发展结合起来。

形成性理解：这种理解的来源，是家长对孩子的理解。这种理解孩子的方式，能帮助父母自我反思他们的设计与孩子自身希望和感觉之间的距离与原因，因而更理智，更有专业眼光。

4. 注重使教师默会知识显性化

（1）应认识并重视教师默会知识的客观存在

这是认识教师专业知识技能性质与特征的前提。对于教师知识技能的默会形态缺乏应有的认识，就可能很难把握教师教育的特殊性与要义（纯理论教学不可能替代日常实践所得），也较难实现其预期效果。教师知识之所以很大程度上是默会知识，原因在于教师职业是一个实践性的行业，每一位教师作为教学实践者，都在事实上运用与贡献着个人知识。而这种知识是无法用纯理性的书本知识或语言所能概括的，也超越了大学所能开设的任何一门具体学科。它融进了个体教师在特定场景中的特定心理体验，不可替代也不可重复，但其却作为一种知识潜在影响着教师的教学行为，甚至成为其决策的依据。

（2）应从改善教师实践能力的立场出发，积极运用默会知识的研究成果。

显性知识和默会知识之间的差异虽然巨大，却也并非泾渭分明。斯彭茨（SPends）认为[①]，没有一种知识没有默会的成分，没有一种默会知识没有显性成分。默会知识的默会程度有别，有些默会知识隐藏很深，即使发挥作用也很难被意识到。还有些默会知识距离显性知识则仅一步之遥。如何把有价值的默会知识转化为显性知识，并在教师群体中共享？可以考虑如下方法。

第一，教师教育不仅要给予教师教育理论，更要帮助他们揭示、分析理论的实践意义与方法，并积极促进他们认识与发展自身其实已具备的个人实践理论。

---

① 方明. 缄默知识论. 安徽：安徽教育出版社，2004.

第二，高中要充分发挥"师徒制"的作用，既重视新手教师对专家教师的观察、模仿，也鼓励专家教师把自己的个人实践理论外显化、操作化，并在师徒之间展开有效沟通与对话，使得提升教学行为的努力具备可操作性，避免相互误读。

第三，教师群体应开展行动研究，在教师之间的交流和辩论中反思、分享、碰撞与检验各自的默会知识，在某些方面予以改造，强化教师作为研究者的自觉性和自主性，有意识地推进其默会知识显性化，提升日常教学的有效性。

第四，教师通过教学日志、教育札记等方法，记录、发现与反思自己的教育见解，同化或顺应外来理论，构成一个被描述的、包含充分自我意识的反思历程，不断注视、评判和更新、检验自己的个人实践理论。

3. 有效使用默会知识测评

如果一定要对教师的默会知识进行测评，则可以借鉴心理学家已经能够纯熟使用的一些方法来测评教师已经拥有却可能并不自知的默会知识。

第一，心理测量法，主要是学科方面默会知识的测量。

第二，实际社会操作模拟法，在实际教学情境中实施测量。

第三，关键事件法，通过教师自我描述一些教学关键事件来测量。

第四，主题统觉测验法，考察教师在教学中的内在动机。

第五，"专家—新手"法，比较专家教师与新教师的异同，得出结论，并提出帮助新教师改进的意见与建议。

通过上述途径，能够帮助教师揭示自己已拥有的默会知识，更自觉地提升工作中的专业水准，从而切实、有效地促进教师的专业发展。

三、教师专业知识内容

根据教育部教师资格等级证书考试大纲对教师专业知识的规定以及国内诸多学者的观点，我们认为，教师专业知识内容包括教育基本理论、学生身心发展规律、教育管理基本理论、学科知识、教学设计知识、教学评价等方面。

教师作为一个专业技术人员要考虑其专业知识的特殊性，其特殊性体现在两个方面。一方面，教育知识具有国别性、主观性与时代性，即教育很难像物理学与化学等自然科学那样具有客观的、不以人的意志为转移的自然规律。其知识受到国家、个人与时代的明显影响。另一方面，教育知识具有人文性、哲理性与普适性，即教育在培养人的过程中去寻找共鸣的规律、价值与意义。

（一）教育基本理论

教育基本理论，从教师专业基础知识的角度看，应该包括古今中外教育名家的教育思想和符合教育原理能够提高教学效率的学习理论这两个方面。

1. 教育家思想

教育思想是指人们对人类特有的教育活动现象的一种理解和认识。这种理解和认识常常以某种方式组织并表达出来，其主旨是对教育实践产生影响。一般而言，教育思想包括教育理论、教育学说、教育思潮、教育经验、教育信念、教育信条、教育建议、教育主张、教育言论、教育理想等。在人类对教育认识与研究的历史长河中，许多教育名家发表了著名的教育思想，并影响了教师的教育教学工作。

（1）中国教育名家教育思想

孔丘是中国春秋末期的思想家和教育家。孔丘德育论思想倡导：立志有恒；克己内省；改过迁善；身体力行。孔丘教学论思想主张：勤于学习，广于见闻；学而时习，温故知新；学思并重，学以致用；虚心求学，奋发不息；启发思维，举一反三；因材施教，立足实际。孔丘教师论思想认为：以身作则，言传身教；学而不厌，诲人不倦；爱护学生，无私无隐；讲究教法，循循善诱。

孟轲是战国时期伟大的思想家、教育家，与孔丘并称为"孔孟"。孟轲德育论思想主张：尚志养气；反求诸己；改过迁善；意志锻炼。孟轲教学论思想主张：深造自得；启发思维；循序渐进；专心有恒；因材施教。

韩愈是唐代古文运动的倡导者，被后人尊为"唐宋八大家"之首，与柳宗元并称"韩柳"，有"文章巨公"和"百代文宗"之名。韩愈关于教师的任务的观点是：师者，所以传道、受业、解惑也。韩愈对教师职业的标准看法是，凡是具备"道"与"业"的，就可以做教师。韩愈认为，在师生关系中，弟子不必不如师，师不必贤于弟子，"圣人无常师""不耻相师"。在教学论方面，韩愈认为，学业的精进在于勤勉；在博的基础上求精；把学习与独创结合起来。

朱熹是南宋的哲学家、教育家、宋代集理学之大成者。朱熹的德育论主张立志、主敬、存养、省察。对于读书方法，朱熹建议循序渐进、熟读精思、虚心涵泳、切己体察、着紧用力、居敬持志。

王守仁是明代著名的思想家、文学家、哲学家和军事家。王守仁的道德教育论主张"知行合一"。在道德教育方法上，他主张：静处体悟、事上磨炼、省察克治。在教学内容上，王守仁主张给儿童以"歌诗""习礼"与"读书"三方面的教育，陶冶儿童的思想和性情。

蔡元培是中国近代民主革命家、教育家、科学家。在基础教育方面，他明确提出要废止忠君、尊孔、尚公、尚武、尚实的封建教育宗旨，要建立以国民教育、实利主义教育为急务，以道德教育为中心，以世界观教育为终极目的，以美育为桥梁，要进行体、智、德、美四育和谐发展的教育体系。他主张思想自由、兼容并包的方针，使北大成为新文化运动的发源地，促进了当时新思潮的发展。

陶行知是伟大的人民教育家、民主革命活动家。陶行知的教育思想可以概括为"生活教育"的思想：生活即教育、社会即学校、教学做合一。"生活即教育"是生活教育的本体论。陶行知指出："教育的根本意义是生活之变化。生活无时不变，即生活无时不含有教育的意义。"社会即学校是生活教育的领域论。陶行知指出："整个的社会是生活的场所，亦即教育之场所。"教学做合一是生活教育的方法论，含义是："教的方法根据学的方法；学的方法根据做的方法，是怎样做便怎样学，怎样学便怎样教。教与学都以做为中心。在做上教的是先生，在做上学的是学生。"其基本特征是以"做"为教与学的中心，强调"行是知之始""重知必先重行"。

陈鹤琴是中国著名的儿童教育家、儿童心理学家。他的教育思想体现在其"活教育"的思想体系中。活教育的目的就是在做人，做中国人，做现代中国人。陈鹤琴认为培养学生要具备健全的身体，要有建设的能力，要有创造的能力，要有合作的态度，要有服务的精神。陈鹤琴主张采用"活教育"的课程。他认为大自然、大社会都是活教材。陈鹤琴认为"活教育"的方法需要"做中教，做中学，做中求进步"。陈鹤琴不重视班级授课制，而重视室外活动，着重于生活的体验。陈鹤琴的"活教育"教学过程分为四个步骤：第一是实验观察，第二是阅读参考，第三是发表创作，第四是批评研讨。

（2）国外教育名家教育思想

苏格拉底（Socrates）是古希腊著名的思想家、哲学家、教育家、公民陪审员，他和他的学生柏拉图（Platon），以及柏拉图的学生亚里士多德（Aristoteles，古希腊）被并称为"古希腊三贤"，更被后人广泛地认为西方哲学的奠基者。苏格拉底课程论的观点是"美德即知识"。他重视发展人的智慧和道德品质修养，并认为教育的目的就是要发展人的智慧，完善人的道德。世界著名的苏格拉底方法则是：他在与学生谈话的过程中，并不直截了当地把学生所应该知道的知识告诉他，而是通过讨论问答甚至辩论来揭露对方认识中的矛盾，逐步引导学生自己最后得出正确答案的方法，被人们称为"产婆术"。

亚里士多德是古代先哲，世界古代史上伟大的哲学家、科学家和教育家之一，堪称希腊哲学的集大成者。他是柏拉图的学生。亚里士多德教育思想表现为主张体、德、智、美和谐发展。他认为，应该学生首先训练其身体；必须注意公民的道德教育；阅读、书写，乃至绘画的目的都是为了将来的实际效用，音乐教育是和谐发展的核心。

夸美纽斯（J. A. Comenius）是捷克伟大的民主主义教育家，西方近代教育理论的奠基者。泛智论是夸美纽斯教育思想的核心，所谓"泛智"，就是使所有的人通过接受教育而获得广泛、全面的知识，从而使智慧得到全面的发展。夸美纽斯的另一重要贡献是，在教育史上，他是最早从理论上详细阐述了班级授课制以及相关的学年制、学日制、考查、考试制度的人。

洛克（J. Locke）是英国唯物主义的哲学家、思想家、教育家。洛克提出了著名的"白板说"，论证了人的知识和观念都是后天从经验中获得的唯物主义认识论观点。他认为教育的目的在于培养绅士，这种绅士实际上就是资产阶级化的新贵族的实业家，他称之为善良的、有德行的、能干的人。为了达到这一目的，他认为应该进行三种教育，即健康、德行和学问方面的教育。在教育方式上，他主张由父亲聘请优良的家庭教师来培养青年绅士，反对让他们到学校去接受教育。

卢梭（J. J. Roussesu）是 18 世纪法国著名的启蒙思想家、文学家和教育家，自然教育思想的代表人物。卢梭从反对封建主义经院式教育出发，推出了自然教育理论，主张通过自然教育培养自由的、自食其力的、对任何职业都有所准备的人。他认为教育有三个方面，即自然的教育（人的器官和能力的内在发展）、人的教育（学习利用这种器官和能力的发展）以及事物的教育（从周围事物经验中所获得的教育），他主张这三种教育应该协同工作，并以自然教育为主。卢梭主张教育要顺应自然。他认为顺应自然的教育必然也是自由的教育，因为人最重要的自然权利就是自由。根据自然教育的原则，他主张把儿童的发展和教育分成四个阶段。第一阶段，从出生到 2 岁，着重进行身体锻炼，即进行体育锻炼；第二阶段，从 2 岁到 12 岁，着重进行感觉教育；第三阶段，从 12 岁到 15 岁，主要进行智育和劳动教育；第四阶段，从 15 岁到成年，着重进行德育。

裴斯泰洛奇（J. H. Pestalozzi），瑞士著名教育家，提出了"教育心理学化"，创立了爱的教育理论和要素教育理论，是要素教育思想的代表人物。他认为，教育的目的就在于有组织地帮助和激发儿童的天赋能力，使各种内在的能力得到和谐的发展。为了达到这一目的，他提出了著名的要素教育理论，认为人的思维来自感觉，而感觉又是建立在简单的要素之上，人们把简单的要素搞清楚了，最复杂的感觉印象也会变得简单明了。

赫尔巴特（J. F. Herbart），德国著名教育家、哲学家和心理学家，主知主义教育思想的代表人物。赫尔巴特的教育思想是建立在形而上学实在论的哲学、观念心理学和以五种道德观念为核心的伦理学的理论基础之上的。他认为教育的目的就是要培养真正善良的人，这种人应该具有完善和正义的观念，敏锐的认识力和坚强的意志力，能将世界导上正轨。他的教育学主要包括三大部分，即管理论、德育论和教学论。他根据对兴趣的分析，把教学分为四个阶段，即明了、联想、系统和方法。后来他的学生则把四段教学发展为五段教学法。这五段是：分析—综合—联合—系统—方法（或：预备—揭示—联结—总括—应用），他根据四段教学的需要，提出了叙述教学法、分析教学法和综合教学法这三种教学方法。

杜威（J.Dewey）是美国教育家，实用主义教育思想的代表人物。杜威认为，教育即生活。教育就是儿童现在生活的过程，而不是将来生活的预备。他认为，学校即社会。既然教育是一种社会生活过程，那么学校就是社会生活的一种形式。在学校里，应该把现实的社会生活简化到一个雏形的状态，应该呈现儿童现在的社会生活。杜威论教学即从做中学。在他看来，如果儿童没有"做"的机会，那必然会阻碍儿童的自然发展。儿童生来就有一种要做事和要工作的愿望，对活动具有强烈的兴趣，对此要给予特别的重视。杜威的"儿童中心"思想从批判传统学校教育的做法出发，他认为，学校生活组织应该以儿童为中心，使得一切主要是为儿童的而不是为教师的，因为以儿童为中心是与儿童的本能和需要协调一致的。在强调"儿童中心"思想的同时，杜威并不同意教师采取"放手"的政策。教师不仅应该给儿童提供生长的适当机会和条件，而且应该观察儿童的生长，并给以真正的引导。

马卡连柯（A.S.Makarenko）是苏联的教育家，集体教育思想的代表人物。马卡连柯提出集体教育的原则。他认为，苏维埃教育方针概括地说来就是建立合理的集体，建立集体对个人的合理影响。其具有两条原则：第一，尊重与要求相结合原则。教育经验的本质是"要尽量多地要求一个人，也要尽可能地尊重一个人"。第二，平行教育影响原则。马卡连柯认为，首先，集体是教育的基础。其次，集体是教育的手段。最后，集体是教育的目的和对象。马卡连柯认为，每一项针对集体开展的教育活动应收到既教育集体又教育个人的效果。关于前景教育原则，马卡连柯认为，教育应当激励学生努力学习和工作，防止享乐主义情绪的产生。

蒙台梭利（M.Montessori）是意大利教育家，"自由教育学派"的代表人物。关于儿童自由，蒙台梭利认为，所谓"自由"，是指使人从妨碍其身心和谐发展的障碍中解放出来的自由。她指出，在保证儿童自由的前提下，要注意以下几个问题：第一，在自由的基础上培养纪律性。第二，通过独立达到自由。第三，在自由的练习活动中发展意志。蒙台梭利指出，儿童的意志引导他前进，并发展他的力量。第四，在自由的活动中培养社会性。蒙台梭利提出建立新型的师生关系。她认为，在教育活动中，儿童是主体、是中心，教师是儿童活动的观察者和指导者。

雅斯贝尔斯（K.T.Jaspers）是德国的存在主义哲学家、心理学家和教育家，存在主义教育思想的代表人物。雅斯贝尔斯反对采用强迫的方法让学生学习。他指出："只有导向教育的自我强迫，才会对教育产生效用。"雅斯贝尔斯认为，学生仅仅获得知识是不够的，他们还应成为"全人"。他提出，要改善学生的人性，这种人性包括倾听别人的观点、从别人的角度去思考问题、诚实、守纪律、言行一致等。总之，要对学生进行全面的教育，也就是精神的培养。这种教育应该把人文教育与自然科学教育相结合，它是一种广义的文化教育，是整个人的教育，是一种最广泛意义上的教育。

苏霍姆林斯基（V.A.Sukomlinsky）是苏联的教育家，是"个性全面和谐发展"教育思想的代表人物。苏霍姆林斯基从马克思主义关于人的全面发展理论出发，创造性地将"全面发展""和谐发展""个性发展"融合在一起，提出"个性全面和谐发展"的教育思想，并将其作为学校教育的理想和目标。教育的内容包括体、德、智、劳、美教育。苏霍姆林斯基把体育看作健康的重要因素、生活活力的源泉。

和谐全面发展的核心是高尚的道德。苏霍姆林斯基认为，智育"包括获取知识，形成科学世界观，发展认识和创造能力，养成脑力劳动的技能，培养对脑力劳动的兴趣和要求，以及对不断充实科学知识和运用科学知识于实践的兴趣和要求"。在他看来，"劳动教育是对年轻一代参加社会生产的实际训练，同时也是德育、智育和美育的重要因素。"美育就是教会孩子能从周围世界（大自然、艺术、人们关系）的美中看到精神的高尚、善良、真挚，并以此为基础确立自身的美。他曾有一句名言："使学校的墙壁也说话。"

皮亚杰（J.Piaget）是瑞士心理学家、日内瓦学派的创始人。皮亚杰认为，真正的学习是儿童主动的、自发的学习。儿童必须通过动作进行学习。皮亚杰强调，应该放手让儿童去探索外部世界，不断建构自己的知识经验系统。教育应该按儿童的年龄特点进行。皮亚杰认为，在对儿童施教以前，首先要鉴别儿童已经发展到什么水平，然后再确定教学内容，并选择教学方法。当儿童在不同领域处在不同的阶段时，就需要教师具有敏锐的观察力和教育的灵活性，不要把超越儿童发展阶段的知识教给儿童，不要强迫儿童学习心理发展还没有准备好的材料。教育要注重儿童的社会交往。皮亚杰所重视的交往重点应该放在儿童之间的合作而不是竞争之上。皮亚杰提倡同伴影响法，积极鼓励儿童的互教和互相影响，以此促进儿童的学习和发展。

罗杰斯（C.R.Rogers）是美国的心理学家、教育家、人本主义教育思想的代表人物。罗杰斯将创造性看成是人类大脑所具有的先天性潜能。创造性的发展正是人的创造潜能不断开发的过程。罗杰斯倡导一种不同于传统教学的方式，即一种"非指导性的"教学；认为教学是一个学生的良好人际关系中的一种体验过程，它没有既定的教学目的，只是通过学生自己产生与解决问题来达到对经验意义的理解，从而有效地影响自己的行为。他建议使用"协作者"或"促进者"这一术语，以强调教师的作用在于创造一种有助于学习的环境条件。他认为，教师应具备三方面素质。第一，做一个真实的人。第二，无条件地接受学生。第三，对学生的移情理解。它要求教师能从学生的角度观察世界，敏于理解学生的心灵世界，设身处地地为学生着想。

布鲁纳（J.S.Bruner）是美国的心理学家、教育家、结构主义教育思想的代表人物。布鲁纳认为，学习一门学科不仅是"学会什么"，更重要的是"知道怎样处理"，即"学会如何学习"。因此，应该把发现学习作为儿童教学的主要方法，以鼓励儿童去发现知识的奥秘，去掌握学科的结构。布鲁纳指出，学校中的发现学习不局限于对未知世界的发现，更重要的是引导学生凭借自己的力量，对人类文化知识的"再发现"。其实质就是把"现象重新组织或转换，使人能超越现象进行再组合，从而获得新的领悟，包括寻找正确的结构和意义"。布鲁纳进一步研究并提出了促进发现学习的方法：一是鼓励儿童积极思考和探索。二是激发儿童学习的内在动机。三是注意新旧知识的相容性。四是培养学生运用假设、对照、操作的发现技能。

朗格朗（P.Lengrand）是法国的成人教育家、终身教育的积极倡导者和奠基者、终身教育思想的代表人物。终身教育是指人从出生到死亡为止整个一生的教育，教育并不限于青少年阶段，而应贯穿于人的一生，并且人一生的教育是相互联系、相互作用的；教育并不限于在学校中进行，应该使学校以外的社会机构也承担教育的功能，把教育扩展到社会整体中，并寻求各种教育形式的综合统一。

2. 学习理论

学习理论是教育学和教育心理学的一门分支学科，是描述或说明人类和动物学习的类型、过程和影响学习的各种因素的学说。学习理论是探究人类学习本质及其形成机制的心理学理论。它重点研究学习的性质、过程、动机以及方法和策略等。

（1）学习的联结理论。

美国的实证主义心理学家桑代克（F.L.Thorndike）用科学实验的方式来研究学习的规律，提出了著名的"联结—试误学说"。桑代克认为所谓的学习就是动物（包括人）通过不断地尝试形成"刺激—反应联结"，从而不断减少错误的过程。他把自己的观点称为试误说。桑代克根据自己的实验研究得出了三条主要的学习定律。第一，准备律。在进入某种学习活动之前，如果学习者做好了与相应的学习活动相关的预备性反应（包括生理和心理的），学习者就能比较自如地掌握学习的内容。第二，练习律。对于学习者已形成的某种联结，在实践中正确地重复这种反应，会有效地增强这种联结。第三，效果律。学习者在学习过程中所得到的各种正或负的反馈意见，会加强或减弱学习者在头脑中已经形成的某种联结。

俄国著名的生理学家巴甫洛夫（I.P.Pavlov）通过用狗作为实验对象，提出了广为人知的经典条件反射理论。他的保持与消退的理论即教学中教师及时的表扬会促进学生暂时形成某一良好的行为，但如果过了一段时间，当学生在日常生活中表现出良好的行为习惯，而没有再得到教师的表扬，这一行为很有可能会随着时间的推移而逐渐消退。他的泛化与分化理论即：在一定的条件反射形成之后，有机体对与条件反射物相类似的其他刺激也做出一定的反应的现象叫作泛化；而分化则是有机体对条件刺激物的反应进一步精确化，那就是对目标刺激物加强保持，而对非条件刺激物进行消退。

（2）华生的"刺激—反应说"。

华生（J.B.Watson）是美国的心理学家，他主张心理学要进行完全客观的实验研究，提出"刺激—反应说"。华生为了从实验上推翻桑代克的理论，进行了一系列的小白鼠实验。他提出频因（Frequency）律：在其他条件相同的情况下，某种行为练习得越多，习惯形成得就越迅速。他提出近因（Recency）律：当反应频繁发生时，最近的反应比较早的反应更容易得到加强。

继桑代克之后，美国又一位著名的行为主义心理学家斯金纳（B.F.Skinner）用小白鼠作为实验对象，进一步发展了桑代克的"刺激—反应学说"，提出了著名的操作条件反射。斯金纳认为间隔强化比连续强化具有更持久的反应率和更低的消退率，因此，他主张在操作性条件反射和积极强化原理的基础上设计程序化教学。斯金纳按照强化实施以后学习者的行为反应，将强化分为正强化和负强化两种方式。正强化是指学习者受到强化刺激以后，加大了某种学习行为发生的概率；负强化是指教师对学习者消除某种讨厌刺激以后，学习者的某种正确行为发生的概率增加。

（3）学习的认知理论。

格式塔学派心理学家苛勒（W.Kohler，德）曾在1913—1917年间，对黑猩猩的问题解决行为进行了一系列的实验研究，从而提出了与当时盛行的桑代克的"尝试—错误学习理论"相对立的"完形—顿悟说"。苛勒指出："真正的解决行为，通常采取畅快、一下子解决的过程，具有与前面发生的行为截然分开而突然出现的特征。"这就是所谓的顿悟，而顿悟学习的实质是在主体内部构建一种心理完形。

布鲁纳提出"认知—发现说"。布鲁纳始终认为，学校教育与实验室研究猫、狗、小白鼠受刺激后做出的行为反应是截然不同的两回事，他强调学校教学的主要任务就是要主动地把学生旧的认知结构置换成新的，促成个体能够用新的认知方式来感知周围世界。布鲁纳重视学科基本结构的掌握。所谓"基本"，就是"具有既广泛又有强有力的适用性"，学科的基本结构包括基本概念、原理和规律。布鲁纳提倡有效学习方法的形成。他认为，人类具有对于不同事物进行分类的能力，人的学习其实就是按照知识的不同类别把刚学习的内容纳入以前学习所形成的心理框架（或现实的模式）中，有效地形成学习者知识体系的过程。布鲁纳强调基础学科的早期教学，他认为任何学科的最基本的观念是既简单又强有力的，教师如果能够根据各门学科的基本概念按照儿童能够接受的方式开展教学的话，就能够帮助学生缩小"初级"知识和"高级"知识之间的距离，有效地促进知识之间的迁移，引导学生早期智慧的开发。布鲁纳主张学生的发现学习。所谓发现，是指学生独自遵循他自己特有的认识程序，亲自获取知识的一切方式。

奥苏伯尔（D.P.AuSubel）是美国的认知心理学家，他提出了认知同化理论。他提出了著名的有意义学习、先行组织者等，并将学习论与教学论两者有机地统一起来。奥苏伯尔学习理论的核心是有意义学习。他指出："有意义学习过程的实质，就是符号所代表的新知识与学生认知结构中已有的适当观念建立非人为的和实质性的联系。"奥苏伯尔学习理论的基础是同化。他认为学生学习新知识的过程实际上是新旧材料之间相互作用的过程，学生必须积极寻找存在于自身原有知识结构中的能够同化新知识的停靠点。奥苏伯尔还在有意义学习和同化理论的基础上，提出了学习的原则与策略。一是逐渐分化原则。这条原则主要适合下位学习，奥苏伯尔认为学习者在学习新知识时，用演绎法从已知的较一般的整体中分化细节，要比用归纳法从已知的具体细节中概括整体容易一些。二是综合贯通原则。这条原则主要适合上位学习和并列结合学习，奥苏伯尔主张教师在用演绎法渐进分化出新知识的同时，还要注意知识之间的横向贯通，要及时为学习者指出新旧知识间的区别和联系，防止由于表面说法的不同而造成的知识间人为的割裂，促进新旧知识的协调和整合。三是序列巩固原则。这条原则主要针对并列结合学习，该原则指出，对于非上位、非下位关系的新旧知识，可以使其序列化或程序化，使教材内容由浅入深、由易到难。为了有效地贯彻这三条原则，奥苏伯尔提出了具体的先行组织者策略。先行组织者是指在呈现新的学习任务之前，由教师先告诉学生一些与新知识有一定关系的、概括性和综合性较强、较清晰的引导材料，来帮助学生建立学习新知识的同化点，以有效地促进学习者的下位学习。

（4）"学习联结—认知理论"。

托尔曼的"认知—目的说"是建立在他和同事进行的大量小白鼠学习实验的基础之上的，其中，位置学习实验和奖励预期实验是其典型代表。学习是有目的的，是期待的获得。托尔曼认为，有机体的一切行为都是指向一定目的的，即总是设法获得某些事物和避免某些事物。学习是对完形的认知，目的是形成认知地图。托尔曼认为，有机体在达到目的的过程中，会遇到各式各样的环境条件。个体只有认知这些环境条件，才能克服困难，到达目的。

1974年，加涅（R.M.Gagne，美）利用计算机模拟的思想，坚持利用当代认知心理学的信息加工的观点来解释学习过程，展示了学习过程中的信息流程，其做法被称为信息加工理论。加涅构建了学习和记忆的信息加工。模型显示，任何一个教学传播系统都是由"信源"发布"消息"，编码处理后通过"信道"进行传递，再经过译码处理，还原为"消息"，被"信宿"接收。该模型呈现了人类学习的内部结构及每一结构所完成的加工过程，是对影响学习效果的教学资源重新合理配置、调整的一种序列化结构。

班杜拉（A.Bandura，美）提出观察学习理论。按照条件作用理论，学习是在个体的行为表现基础上，经由奖励或惩罚等外在的控制而产生的，即学习是通过直接经验而获得的。班杜拉则认为，这种观点对动物学习来说也许成立，但对人类学习而言则未必成立。因为人的许多知识、技能、社会规范等的学习都来自间接经验。人们可以通过观察他人的行为及行为的后果而间接地学习，班杜拉称这种学习为"观察学习"。班杜拉的观察学习理论是建立在他及其合作者所进行的儿童观察成人榜样大量实验研究的基础之上的。经过多年的研究，班杜拉提出了观察学习的基本过程与条件。班杜拉认为，人类的大多数行为是通过观察而习得的。人们通过观察他人的行为，可获得榜样行为的符号性表征，并可以此引导观察者在今后做出与之相似的行为。班杜拉认为，这一过程受到注意、保持、动作再现和动机四个子过程的影响。

（5）其他学习理论流派。

人本主义是 20 世纪 50 年代末 60 年代初在美国出现的一种重要的教育思潮，主要代表人物是马斯洛（A.H. Maslow）、罗杰斯（C.R.Rogers）等。这些心理学家反对把对小白鼠、鸽子、猫和猴子的研究结果应用于人类学习，主张采用个案研究方法。人本主义心理学的主要观点是：心理学研究的对象是"健康的人"；生长与发展是人的本能；人具有主动地、创造性地做出选择的权利；人的本性中情感体验是非常重要的内容。人本主义学习理论包括以下观点。首先，以人性为本位的教学目的观。许多人本主义教育家认为，教育的根本目标是帮助发展人的个体性，帮助学生认识到他们自己是独特的人类并最终帮助学生实现其潜能。其次，彰显主体的教学过程观。人本主义认为，在教学过程中，应以"学生为中心"，这是其"自我实现"教育目的的必然产物，教学以学习者为中心，让学生成为学习的真正主体。

建构主义理论在世界范围内影响巨大。在学生观方面，建构主义强调学习者是以自己的经验为基础来建构现实，或者至少说是在解释现实。建构一方面是对新信息的意义的建构，同时又包含对原有经验的改造和重组。在知识观方面，建构主义认为教学不是知识的传递，而是知识的处理和转换。在教师观方面，建构主义强调教师的角色应该是学生建构知识的忠实支持者、学生学习的高级伙伴或合作者。

（二）教育管理基本理论

按照国内学者的观点，把教育管理理论分为四种[①]：古典教育组织理论——效率为本模式、人本主义教育管理理论——人本模式、教育管理科学理论——理性为本模式和后现代教育管理理论——多元整合模式。

1.古典教育组织理论

古典教育组织理论本质特征是科学和效率，以科学的方法、原则和制度为手段，以实现组织的效率为目标。古典组织理论是系统化、理性化和科学化的。泰罗强调管理方法的科学化和标准化，法约尔等强调管理原理和原则的科学化和理性化，韦伯重视的是组织制度的科学化和理性化，这三个方面构成一个完整的管理理论系统。另外，这些理论无论是个别还是整体，都是以理性或科学为标准，以排除个体经验、感情、非理性等的干扰。因

① 黄崴.20世纪西方教育管理理论及其模式的发展. 上海：华东师范大学学报（教育科学版），2001（1）.

此，这三种理论都以效率为本。

2. 人本主义教育管理理论

人本主义教育管理思想以人际关系理论和人力资源理论为基础，更切合教育实践。和一般管理不同的是，学校管理不仅要寻求实现学校组织目标与教职工利益的一致性，而且要把学校的目标与学生发展的目标统一起来。应注意的是，人本主义教育管理理论因过分重视组织中的个人，而忽略了社会政治、经济、文化对学校组织和个人的影响，故受到人们的批评。

3. 教育管理科学理论

教育管理科学理论兴盛并流行于 20 世纪 50 年代初到 70 年代初，至今仍然是教育管理领域的主流理论之一。它是以教育管理科学的"理论运动"著称的，其占支配的观点是把教育管理学作为一种科学理论。根据逻辑实证主义和行为科学的基本理论和社会发展的要求，教育管理科学或理论运动的核心是把教育管理理论建设成为像工程学或医学那样的科学理论。"理论运动"的主要目的是试图为教育管理实践提供两个方面的成果：一是为改善教育管理专业基础知识提供严谨的程序；二是提供的知识应该是以可以运用的形式。其局限性有二：首先从其方法论来看，忽略了外部环境对学校的影响。其次，"理论运动"所追求的是教育管理论的科学化和理性化，着重对事实问题的研究，把价值排除于教育管理科学之外。

4. 后现代教育管理理论

后现代主义是后现代社会中的一种文化反思性理论，其基本概念也被引入教育管理理论领域。后现代教育管理理论对现代教育管理科学"理论运动"的全面批判宣告了以实证主义和逻辑实证主义为基础的教育管理科学神话的破灭。教育组织不是自然的，而是人造的；教育组织的主要目标不是效率，而是保证教育的正义和平等，促进人的自由和解放；教育管理知识不是实证的，而是情境和价值的；组织中的权力不是固定的，而是生产的，其生产性主要表现为权力的参与和分解；教育管理方法不是唯一的，而是多元的，不是对抗的，而是对话的。

（三）教学设计知识

教学设计既是教师职业的专业知识，又是教师职业的专业技能。

1. 教学设计的概念

教学设计是根据教学对象和教学目标，确定合适的教学起点与终点，将教学诸要素有序、优化地安排，形成教学方案的过程。它是一门运用系统方法科学解决教学问题的学问，它以教学效果最优化为目标的，以解决教学问题为宗旨。

2. 教学设计的方法

教学设计要遵循一定的方法，一般试着去回答一些问题，可以让教学设计逐渐清晰，变得有条理。

第一，教学设计要从"为什么学"入手，确定学生的学习需要和教学的目标。

第二，根据教学目标，进一步确定，通过哪些具体的教学内容和教学目标才能达到教学目标，从而满足学生的学习需要，即确定"学什么"。

第三，要实现具体的教学目标，使学生掌握需要的教学内容，应采用什么策略，即"如何学"。

第四，要对教学的效果进行全面的评价，根据评价的结果，对以上各环节进行修改，以确保促进学生的学习，获得成功的教学。

3. 教学设计的内容

教学设计的内容最显性地体现在教案中。教案应当就是课堂教学思路的提纲性方案。教学内容（教学课题）、教学目标、教学重点、教学难点、板书设计（及演示文稿 PPT）、主要教学方法、教学工具、各阶段时间分配、教学过程（可以用传统教学五个环节或者其他）、教师活动、学生活动、各阶段设计意图、课后评价与反思等内容。

（四）学业评价知识

教师在教学过程中，要了解并反馈自己的教学效果，对教学质量不断反馈，因此，懂得一些学业评价知识非常必要。

1. 学业评价的含义

学业评价是指以国家的教育教学目标为依据，运用恰当的、有效的工具和途径，系统地收集学生在各门学科教学影响下认知行为上的变化信息和证据，并对学生的知识和能力水平进行价值判断的过程。

2. 学业评价的功能

学业评价具有如下功能：诊断和反馈的功能、导向功能，且可以激励师生不断发展。

3. 衡量测评效果的指标

衡量测评效果的指标一般有四个。效度：指一个测验所测量的东西与该测验所要求测量东西的相符程度。信度：指所测量的属性或特征前后一致的程度。难度：指项目的难易程度。区分度：指测验项目对所测量属性或品质的区分程度或鉴别能力。

第二节　教师的专业能力

教师的专业能力就是教师的教育教学能力，是教师在教育教学活动中所形成的顺利完成某项任务的能力和本领。教师专业能力主要包括五个方面：教育能力、教学能力、研究能力、反思能力和创新能力。提高教师创新能力的途径有：提高教师素质、深化学校管理体制改革和改革培训模式。

一、教师的专业能力概述

教师的专业能力是教师综合素质的最突出的外在表现，它是教师专业结构中的一个重要组成部分，也是评价教师专业性的核心因素。

（一）教师专业能力的含义

研究教师的专业能力，首先应明确教师专业能力的含义。有研究者认为，所谓教师专业能力是指从事教书育人活动的人所必须具备的带有教师职业特点的能力[1]。有研究者认为：教师专业能力主要指作为专业技术人员的教师在从事教育教学活动中能利用教育理性和教育经验，灵活地应对教育情境，做出敏捷的教育行为反应，以促使学生能全面、主动、活泼发展所必需的教育技能[2]。也有研究者把教师专业能力等同于教师能力，它是指从事教师职业的人所应具有的能力，主要包括教师的基础能力、教师的职业能力和教师的自我完善能力。教师的基础能力，是指教师应具有的最起码的基础性能力。教师的职业能力是指从事教书育人活动的人所必须具备的带有职业特点的能力。教师的自我完善能力，是指当代教师应具备的使自己的思想、业务及人格不断趋于完善、完美的能力[3]。还有研究者认为，教师专业能力是成就教师专业成长的支撑点，主要指教师在从事教育教学的活动中，顺利完成教学任务所表现出来的个性心理特征，体现在教师能否有效地把握和调控自身与教育、教学活动其他相关要素关系的能力上。[4] 以上学者都对教师专业能力的内涵进行了界定，虽然分析角度不同，但是都有以下共同点：一是强调教师的专业能力是在教育教学活动中体现的；二是强调教师的专业能力表现为教师必备的能力、技能、本领、个性心理特征等。

教师的专业能力从心理学的角度来考察，应该属于特殊能力的范畴。能力作为一个专业术语，原本是一个心理学概念。在心理学中，能力是"人们能成功地完成某种活动所必

---

[1] 范诗武. 新世纪教师专业能力与教育行动研究. 北京：外国教育研究，2003（5）.
[2] 郝林晓，折延东.教师专业能力结构及其成长模式探析.[M].北京：教育理论与实践，2004（7）.
[3] 罗树华，李洪珍. 教师能力学.济南：山东省教育出版社，1997.
[4] 吴志华，柳海民. 论教师专业能力的养成及高师教育课程的有效教学途径.北京：教师教育研究，2004（3）.

需的个性心理特征"[1] 在心理学的能力分类中，能力首先被分为一般能力和特殊能力：一般能力是指在不同种类活动中表现出来的共同能力，例如，观察能力、记忆能力、思维能力、想象能力和语言能力；特殊能力是指从事某种专业活动所必需的多种能力有机结合而成的能力。很显然，教师所从事的教育教学活动是一种具有自身特点的专业活动，教师在教育教学活动中表现出来的专业能力，自然也是一种特殊能力。这里，我们赞同这种观点："教师的专业能力就是教师的教育教学能力，是教师在教育教学活动中所形成的顺利完成某项任务的能力和本领。"[2] 它是教师在个人自身所具有的各种素质的基础上，通过教育教学实践而发展起来的特殊能力。

（二）教师专业能力的结构

教师专业能力的种类与结构如何，不同学者有不同的观点。有的研究者认为，教师专业能力主要包括教师的基础能力、教师的职业能力和教师的自我完善能力。教师的基础能力，主要包括教师的智慧能力（或称智力）、表达能力、审美能力等。教师的职业能力，主要包括教师的教育能力、班级管理能力、教学能力。教师的自我完善能力，主要包括以教师的自学能力、教育研究能力、撰写教学论文的能力、教学创造能力等为主要内容的扩展能力和正确处理人际关系的能力。也有研究者认为，教师专业能力主要包括以下几个方面：设计教学的能力，即教师在综合考虑教材、学生、教学时间、教学手段等因素的基础上，对教学目标、内容、程序、方法等进行整体构思的能力；表达能力，包括语言表达、板书板画、运用多种教学手段演示等能力；教育教学组织管理能力，如班级管理能力、课堂管理能力、课外学习管理能力等；教育教学交往能力，如理解他人能力、沟通能力、协调人际关系能力等；教育教学机智，即处理教育教学过程中突发事件的能力；反思能力，即对自己的教育教学状况正确评价的能力；教育教学研究能力，即教师对学生、对教育教学实践和理论进行探索，发现问题并试图解决问题的能力；创新能力，如创新教学思想、教学内容、教学方法、教学模式等的能力。还有研究者认为，教师专业能力主要包括：全面掌握与科学设计教学内容的能力，良好的语言表达能力；多方面良好的组织管理能力，善于因材施教的能力，对教学情境中的应变与调控能力，自我监控能力，自我鉴定、自我评价、自我教育的能力，一定的教育科研能力和教育机智。[3] 另外还有研究者认为，教师专业能力主要包括：教学技能（主要包括教学设计的能力、教学实施的能力、学业检查评价的能力）、交往能力、组织与管理能力、课程开发与创生能力、自我反思与教育研究的能力。[4] 还有的研究者认为，教师专业能力主要包括：一般能力（即智力），教师专业特殊能力（如语言表达能力、组织能力、学科教学能力等与教师教学实践直接相联系的特殊能力）以及有利于深化教师对教学实践认识的教育科研能力。[5] 还有研究者认为，教师专业能力主要包括：教育教学能力，参与时代的意识与能力，促进学生发展的意识与能力，自

① 朱智贤. 心理学大词典. 北京：北京师范大学出版社，1989.
② 全国十二所重点师范大学联合编写. 教育学基础. 北京：教育科学出版社，2002.
③ 张大均. 教学心理学. 重庆：西南师范大学出版社，1997.
④ 王守恒，姚运标. 课程改革与教师专业发展. 安徽：安徽教育出版社，2007.
⑤ 叶澜. 教师角色与教师发展新探. 北京：教育科学出版社，2001.

我反思、自觉研究以及促进自身专业发展的意识与能力[1]。还有研究者认为，教师专业能力主要包括：表达能力、课堂管理能力、教学监控能力、人际交往能力、教育研究能力和教学反思能力[2]。还有研究者认为，教师专业能力主要包括：领会和把握教育教学目标的能力，自我反思（被认为对教师专业的元能力）和发展的能力，进行教育教学研究的能力，了解学生并能够进行有效沟通的能力，教育资源运用和开发能力，教学设计、监控及现代教学技术运用能力，教学测量与评价能力[3]。还有研究者从教育学角度出发，根据德、智、体和谐发展理论和对教育教学实践的探索，认为教师专业能力结构由德、能、体、心四要素组成。德，即师德；能，即专业效能，专业效能取决于教育专业素养、学科专业水准和博雅素养；体，即身体素质；心，即心理素质。因此，教师专业能力结构由师德、教育专业素养、学科专业水准、博雅素养、身体素质和心理素质这六项一级指标构成[4]。

　　根据以上研究，我们认为，教师专业能力应该主要包括五个方面的能力：教育能力（包括组织管理能力、人际关系能力）、教学能力（包括常规教学能力、表达能力、教学机智）、研究能力、反思能力和创新能力。

二、教育能力

　　教育能力是指教师完成一定的教育教学活动的本领，主要包括组织管理能力和人际关系能力。

（一）组织管理能力

　　教师的组织管理能力即为完成人才的培养目标，在施教过程中教师对学生的组织能力和领导能力。教学活动及其过程的复杂性要求教师具有较强的组织管理能力，以确保教学活动的顺利进行和教学过程的充分展开。教师在课堂中的工作对象是整个班，要求教师具有组织者的才能，即善于组织学生，团结他们，指导他们的活动，维持班级的纪律。课堂组织管理得当与否，直接关系到教学的效率。班集体如果组织和管理得当，就可以成为教育的主体，给集体内的每一个成员以有益的影响。可以促使每个学生在平等的基础上开展积极的竞争，人人奋发向上，使每个学生的个性得到和谐的发展。一个优秀的教师会从全面关心学生的健康成长出发，采取一切可能有效的措施，充分调动学生的积极性和主动性，并通过严格的制度管理加以监督保障，为确保教育目标的顺利实施提供组织保证。所以，课堂教学常规的建立就显得尤其重要。优秀教师的课堂总是呈现出秩序井然、环环紧扣、和谐活跃的特点，这与他们重视课堂的组织管理是分不开的。

（二）人际关系能力

　　在教育教学活动中，教师与学生的关系及教师的人际交往能力也是影响教师专业发展

① 范国睿. 学校管理的理论与务实.上海：华东师范大学出版社，2002.
② 赵炳辉. 教师学.北京：中国科学技术出版社，2007.
③ 吴志华，柳海民. 论教师专业能力的养成及高师教育课程的有效教学途径.北京：教师教育研究，2004（3）.
④ 李方. 新课程对教师专业能力结构的新要求.北京：教育研究，2010（3）.

的关键。

教学是一种典型的人际交往过程。教学过程就是教师与学生、学生与学生、教师与教师之间的相互认知、相互沟通、相互作用的过程。教学中的交往不同于一般意义上的人际交往，它有着自己合理的成分，是一种更为错综复杂的、包容性更强的关系体系。教育教学的交往能力就是教师处理和协调人际关系的能力。教师的人际关系能力对于教学具有非常重要的作用。美国心理学家对在贝尔实验室里工作的科学人员做过研究，证明了良好的人际关系多么重要。实验室的工作人员不是工程师就是科学家，在学术智商测验中的得分都很高，可是他们之中有些人出类拔萃，有些人却碌碌无为。为什么会有如此的区别呢？他们发现，表现突出的人有良好的人际关系，接触广泛，而表现平庸的人遇到技术问题，会向有关技术专家求助，然后等他们回音，却往往又得不到。杰出的人却很少遇到这种情况，因为他的人际关系好，而他找某个人时，总是很快就有回音，因而问题很容易解决。具有较高人际关系能力的教师，具有较强的沟通能力与协调能力，能够富有理性和艺术魅力地协调好与学生、同事、领导和学生家长的多重关系，善于优化师生关系，经常与学生沟通对话，最大限度地发挥学生作为学习主体的主动性和创造精神，促进学生智慧的养成；也善于与同事和领导形成凝聚度很高的教学合力；还能取得学生家长的配合，共同为孩子的成长进步而努力。

三、教学能力

教学能力主要是指各科教师应当普遍具有的运用特定教材从事教学活动、完成教学任务的能力。它主要包括常规教学能力、表达能力、教学机智三个方面。

（一）常规教学能力

我国的学校教育在教学组织形式上，实行的是夸美纽斯创立的班级授课制。在教学过程和程序上，沿袭的是赫尔巴特五段教学法。所以，对于一堂常规课，教师的教学工作主要包括备课、讲课、作业、辅导、考评五个基本环节。与此相适应，教师常规教学能力主要表现在备课、上课、作业布置和批改、课后辅导和评价几个方面。

1.备课能力

备课是教师根据学科课程标准的要求和本门课程的特点，结合学生的具体情况，选择最合适的表达方法和顺序，以保证学生有效地学习的准备过程。首先，备课是教师教学工作的起始环节，是上好课的先决条件。对教师而言，备好课可以加强教学的计划性和针对性，有利于教师充分发挥主导作用。其次，备课也是教师学习的过程，通过备课，教师可以丰富自己的知识，更新知识结构。最后，备课还有助于教师提高自己的教学能力。教师要提高备课能力，有如下要求。

（1）做好三个方面的工作。

备课要做好三个方面的工作，即钻研教材（备教材）、了解学生（备学生）、设计教法（备教法）。

第一，钻研教材包括钻研学科课程标准、教科书和阅读有关的参考书。钻研学科课程标准就是指要弄清楚本学科的教学目标，了解本学科的教材体系和基本内容，明确本学科学生能力培养、思想教育和教学法上的基本要求。教科书是教师备课的主要依据，教师要熟练掌握教科书的全部内容，了解全书的知识结构体系，分清重点章节和各章节基本知识的重点、难点、关键点。阅读参考资料也很重要，参考资料包括专供教师使用的教学参考资料、课程标准推荐的参考资料、教师自己平时积累的参考资料。教师应该广泛阅读这些参考资料，精选出一些材料充实教学内容。

第二，了解学生，首先要考虑学生的年龄特征，熟悉他们身心发展的特点；其次，要了解班级的情况，如班级的班风和学风等；最后，要了解每一个学生，掌握他们的个性特点、兴趣爱好、思想状况、知识基础、学习态度和学习习惯等。

第三，教师在钻研教材、了解学生的基础之上，还要考虑用什么方法才能使学生掌握这些知识，以促进他们能力、品德等方面的发展。教师应该根据教学目的、内容、学生的特点等来选择最佳的教学方法。此外，也要考虑学生的学法，包括预习、课堂学习活动与课外作业。

（2）写好三种计划。

第一，学期（或学年）教学进度计划。这是对一学期（或一学年）的教学工作所做的总的准备和制订的总计划，一般应在学期（或学年）开始前制订出来，它的内容包括：学生情况的简要分析，本学期（或本学年）的教学总要求，教学内容的章节或课题，各课题的教学时数和时间的具体安排，各课题所需要运用的教学手段等。

第二，课题（或单元）计划。教师在一个课题教学开始前，必须对这个课题的教学做全面的考虑和准备，并制订出课题计划。它的内容包括：课题名称、教学目的、课时分配、课的类型、教学任务与内容、教学方法等。

第三，课时计划。课时计划即教案，它通常是指教师为某一节课而拟订的上课计划。它一般包括班级、学科名称、授课时间、课题、教学目的、课时分配、课的类型、教学方法、教学手段和教具、教学进程等。课时计划可详可略，其格式有条目式、卡片式和表格式三种，教师可根据自己的教学经验和教学的实际情况进行选择。

2. 上课

上课是整个教学工作的中心环节，是教师教和学生学的最直接的体现，是提高教学质量的关键。教师要上好一堂课，提高上课能力，有如下要求。

（1）教学目标明确。

目标明确包含两层意思：一是教学目标全面、具体、明确，符合课程标准、教材和学生实际；二是教学目标达成意识强，贯穿教学过程始终。

（2）教学内容正确。

内容正确包含四个方面的含义：第一，教师进行教学时，要保证教学内容的科学性，知识教授要准确科学，对概念、定理等的表述要准确无误，对原理、定律的论证应确切无疑，对学生回答问题时所反映出的思想和观点要仔细分析；第二，既要突出重点，突破难点，抓住关键，又要考虑教材的整体性和连贯性；第三，要注重新旧知识之间的联系；第四，要注意理论与实践的结合。

（3）教学方法得当。

方法得当包含三层含义：第一，教学方法要灵活多样，符合教材、学生和教师实际；第二，教学组织形式巧妙、多样、灵活、有情趣，学生乐于学；第三，从实际出发，运用现代教学手段。

（4）教学基本功扎实。

教学基本功扎实包含五个方面的含义：第一，用普通话教学，语言规范简洁、生动形象，语调高低适宜、快慢适度、抑扬顿挫、富于变化；第二，教态亲切、自然、端正、大方；第三，板书设计科学合理，言简意赅，条理性强，层次清楚，字迹工整、美观，板画娴熟；第四，能熟练运用现代化教学手段；第五，应变和调控课堂能力强。

（5）教学程序合理。

教学程序合理包含四个方面的含义：第一，教学思路清晰，课堂结构严谨，教学密度合理；第二，精心设计练习，有计划地设置练习中的思维障碍，使练习具有合适的梯度，提高训练效率；第三，恰当运用反馈调节机制，注重教学过程评价，方法多样化，自评、互评、师评，评价真实有效；第四，体现知识形成过程，结论由学生自悟与发现。

（6）教学效果好。

教学效果好包含六个方面的含义：第一，教学目标达成；第二，面向全体，体现差异，因材施教，全面提高学生素质；第三，教学民主，师生平等，学生积极参与，课堂气氛融洽和谐，学生课堂学习愉快，有情感体验；第四，传授知识的量和训练能力的度适中，学生负担合理，学习扎实有效；第五，学生能在多种学习方法中形成最佳的学习方法，形成习惯；第六，注意学习动机、兴趣、习惯、信心等非智力因素的培养。

（7）教学个性突出。

教学个性突出包含两个方面的含义：第一，教学有个性特点，体现个性文化底蕴和人格魅力；第二，教师形成教学风格。

3.课外作业的布置与反馈

课外作业是课堂教学的延续，是教学活动的有机组成部分。其作用在于加深和加强学生对教材的理解和巩固，进一步掌握相关的技能技巧，培养学生独立思考的能力和自觉完成作业的习惯。教师要提高布置课外作业的能力，有如下要求。

第一，作业内容要符合课程标准和教科书的要求。

第二，作业要有代表性、典型性。

第三，作业分量要适当，难度要适中。

第四，作业形式要多样化，具有多选性。

第五，作业应有助于启发学生的思维，尤其是创新思维。

第六，作业要求明确，规定作业完成时间。

第七，作业应尽量同现代生产和社会生活实际问题结合起来，力求理论联系实际。

第八，作业反馈应清晰、及时。

4. 课外辅导

课外辅导是在课堂教学规定的时间之外，教师对学生的辅导。它是适应学生个别差异、贯彻因材施教的重要措施，是上课的必要补充，也是教学工作的必要环节之一。教师要提高课外辅导的能力，有如下要求。

第一，从辅导对象实际出发，确定辅导内容和措施。

第二，明确辅导只是课堂教学的补充，不能将主要精力放在辅导上。

第三，辅导应采用启发式，充分调动学生的主动性和积极性。

第四，辅导应鼓励学生独立钻研、自学为主。

第五，教师要注意态度，师生平等，共同讨论。

5. 学业成绩的检查与评定

学业成绩的检查与评定是教学工作不可或缺的重要环节，是诊断学生的学习状况和教师教学效果调控教学进程的重要手段。教师要提高学业成绩检查与评定的能力，有如下基本要求。

第一，检查和评定要注意科学性、有效性和可靠性。科学性是指检查与评定要客观公正，不能主观臆断；有效性是指检查与评定要有效地检查出学生的学习情况；可靠性是指检查与评定要能反映学生较稳定的学习水平。

第二，检查和评定的内容应力求全面，又突出重点。

第三，检查和评定的方法要灵活多样。

第四，对检查和评定的结果要作必要的分析。

（二）表达能力

教师表达能力包括言语表达能力和非言语表达能力。言语是个体利用语言进行交际，表达思想、意见和情感的过程。言语表达不仅是一种重要的智力技能，而且被心理学家列为创造能力之一。教学表达的工具，是教学语言，教学语言具有以下四种作用：传递与解释作用、启发作用、组织作用和感染作用。苏霍姆林斯基认为，教师的语言"在很大程度上决定着学生在课堂上的脑力劳动的效率",教师"高度的语言修养是合理利用教学时间的重要条件",教师的语言是一种什么也代替不了的影响学生心灵的工具。所以,他提出:"如果你想使知识不变成僵死的、静止的学问,就要把语言变成一个最主要的创造工具。"①

言语表达包括口头语言表达和书面语言表达。口头表达作为课堂教学和日常密切师生关系的主要工具,在教学实践中具有举足轻重的地位与作用。口头表达能力强的教师往往会把课上得生动、活泼、风趣、热烈,而不善于口头表达的教师则会把课上得枯燥无味,同时达不到良好的教学效果。教材乃至外部客观世界中所需传授及传播的知识是处于静止的"沉睡状"。只有当教师以富于独特精彩与独特个性的教学语言来"激活"它们,才能使之以一种生气灌注的形态进入学生的心灵世界;换言之,从客体的物化知识转变为接受主体内在生命的有机组成部分,是通过作为信息传输中介的教师之"言语"来"活化"的。所以,教师的口头语言除了应具有发音标准、吐词清晰、音色朗润、语调多变、语速适当、音量适中、遣词正确、表达流畅这些基本的规范化要求以外,还应具有鲜明的特色与个性,表现出激情性、哲思性、多变性、愉悦性、缜密性、感性及能言善辩,等等。"善于思考的教师用逻辑语言掌握学生,富于热情的教师用情感的语言来感染学生,长于形象思维的教师说话具体生动,具有情趣的教师讲述艺术幽默。"② 总之,教学口语要符合科学性标准、艺术性标准和教育性标准,也就是说,教学口语要符合语言规范和逻辑规则,要简练生动、发人深省、幽默风趣、富有个性,还要表现出态度上的谦和、形式上的简洁③。

运用书面语言来表情达意和从事学术研究,对促进教师教学智慧的养成也是非常重要的。教师在课堂中的书面语言主要指板书。教师板书应力求做到布局合理、语言精练、结构完整、书写适时,以引导和控制学生的思路,帮助学生建立知识结构,促进学生由形象思维向抽象思维过渡。

教学非言语表达是指教师在教学中创造性地运用非言语因素进行教学表达的活动。它主要是指由教师人体本身的动作和姿态来传播教学信息,也即教师表达内容时的表情、动作(手势、摇头、耸肩等)、眼神、姿态(站姿、步态等)、服饰等体态语言。教学非言语表达是教师教学多讯道表达活动的重要组成部分,同时也是教师塑造自身形象、为学生仪态修养做出直观示范的重要手段。教学非言语表达具有传递信息、情感认同、反馈调节功能,它能对教师课堂语言表达起到辅助作用,引起学生的注意,增强语言表达的说服力和感染力,使课堂教学收到良好的效果。举止稳重、表情自然、仪容大方应该是教师必须具备的素养。

---

① 苏霍姆林斯基. 给教师的建议. 杜殿坤,编译. 北京:教育科学出版社,1984.
② 南京师范大学教育系. 教育学. 北京:人民教育出版社,1984.
③ 刘庆昌. 论教学理解的专业化. 北京:教育科学研究,2009(9).

（三）课堂教学机智

课堂教学情境具有特异性、原创性、复杂性和不确定性，即课堂教学是"特定的教师，以特定的教材为媒介，在特定的教室、特定的意图下，以特定的儿童为对象，创造特定事件的一次性经验……且具有不确凿的挑战的性质——不断地深入未知的领域探讨，在模糊的、复杂的状态中洞察多样的可能性，从而做出一种选择与判断的决策"[1]。不管教师事先如何精心周密设计，在教学中总会碰到许多新的非预期性的教学问题，而"教育的情境通常不允许教师停下来进行反思，分析情况，仔细考虑各种可能的选择，决定最佳的行动方案，然后付诸行动"[2]。教师若是对这些问题束手无策或处理不当，课堂教学就会陷入困境或僵局，甚至还会导致学生产生对抗情绪。为此，教师要得心应手、灵活自如地驾驭课堂教学这个复杂多变的动态系统，必须具备一种重要的能力——课堂教学机智。俄国教育家乌申斯基（K.D.Vshinsky）曾说："不论教育者怎样地研究了教育学理论，如果他缺乏教育机智，他就不可能成为一个优秀的教育实践者，这种所谓教育机智在本质上不是什么别的东西，无非是文学家、诗人、演说家、演员、政治家、传教者，一句话，就是一切想跟教育学者一样对别人的心灵发挥其影响的那些人所需要的那种心理学机智。"[3]

对于教师来说，教学机智由一系列的品质和能力构成。首先，他必须具有敏感的、能够读懂他人内心世界的心灵；其次，他应该理解他人内心情感的心理及社会意义，尊重他人的尊严和主体性；再次，他要表现出良好的分寸和尺度感；最后，他还必须具有道德直觉。所以，教学机智是教师在一定的理论修养基础上，在长期实践体验、感悟和实际经验基础上形成的一种超乎寻常的、出类拔萃的临场发挥能力，是教师面临新的意外情况，能够迅速而正确地做出判断，并且随机应变地采取恰当而有效的教育措施以解决问题的能力，是范梅南所说的那种"能使教师在不断变化的教育情境中随机应变的细心的技能"。它反映了教师对现场敏锐捕捉的能力、快速反应的能力和非常得体的、合理的应对能力。具有教学机智的教师面对突发性的问题和情况，总能在瞬间就有灵感闪现，就会想出奇思妙策，机智灵活地临场应变；具有教学机智的教师，可以把教学现场中出现的偶然因素转化成一种有利的教学时机，可以恰如其分地把教学引向高潮，推向深入。

教学机智有三个重要特性。第一，事件的突发性。教学机智一定是在突发事件的处理过程中表现出来的，是在教师毫无思想准备的情况下所表现出来的应急能力。如果发生的事件不是突然的，而是教师意料中的事，那么对这件事的处理不管如何巧妙、正确，也不能称之为教学机智。第二，处理的迅速性。教学机智一定是在对突发事件的处理速度上表现出来的，越能急中生智，果断决策，迅速处理，就越能表现出教师的教学机智能力。第

① 佐藤学.学习的快乐——走向对话.钟启泉，译.北京：教育科学出版社，2004.
② 范梅南.教学机智——教育智慧的意蕴.李树英，译.北京：教育科学出版社，2001.
③ 乌申斯基.人是教育的对象.郑文樾，译.北京：人民教育出版社，1989.

三，效果的良好性。方法是否正确，效果是否良好，这是衡量教学机智的最终标准。[①]

教学机智在教学活动中具体表现在四个方面：第一，处理课堂突发事件的机智。教学是一个特殊而复杂的系统，受到教师、学生、内容、环境等诸多因素的影响，所以，教学中随时都可能出现各种意外情况，这要求教师必须保持理智冷静的头脑，采取灵活机智的对策，保证课堂教学正常进行。第二，处理教师自身失误的机智。课堂教学是一种极其复杂的活动，尽管事先认真准备，但每个教师尤其是年轻教师在教学过程中仍难以避免出现一些意想不到的、程度不同的自身失误，如读错字、写错字、算错题、做错实验、内容遗漏、讲课"卡壳"等。这就要求教师机智处理和解决，化解自身尴尬。第三，处理教学疑难的机智。知识的不断激增和信息社会的到来，使得现代学生的视野大大开阔、思维异常活跃，教师在正常的课堂教学中，学生会提出一些难度很大的问题，或者是一些比较新奇的问题，甚至是一些比较怪的、违背常理、常规和常情的问题，使得教师一时难以回答。这就要求教师机智处理和解决，避免使自己处于尴尬境地。第四，处理恶作剧的机智。学生思想活跃，有些还爱耍小聪明，甚至还会制造恶作剧。有些恶作剧往往会使教师处于窘境，骑虎难下，认真不得，躲避不能。尤其是在课堂上进行查处或拖延上课时间，还可能伤害很多学生的感情。这也要求教师机智处理和解决[②]。

四、研究能力

教师的教育研究意识、研究能力也是教师专业发展的核心内容。因此，提高教师的教育研究能力，已经成为教师专业发展的内在追求。

教师参与教育研究可称为"教师研究"。在教育文献里，有多个描述教师研究的术语，包括："行动研究""从业者研究""学者型教师""实践探究""互动研究""课堂探究"和"以实践为中心的探究"等。但实际上，通常所说的教师研究指的是教师行动研究。

（一）教师研究对教师专业发展的意义

1.有利于教师不断积累实践知识

教师在教育教学过程中所形成的个人实践知识直接影响到对教育教学、师生关系、课程实施的理解，影响到对教育教学活动意义与方式的重新建构。教师专业成长与发展以及专业化程度要凭借教师的实践知识加以保障[③]。教师参与教育研究之后，能产生强烈的求知欲望，及时地更新知识，积极地开拓视野，并通过反思不断积累实践知识，并发展新的职

---

① 中国心理学会教育心理专业委员会教师心理教育机智课题组.教师教育机智与技巧200例.北京：电子科技大学出版社，1900.

② 余文森.基础教育课程改革的四大支柱.福建：福建教育出版社，2002.

③ 李瑾瑜.论教师的教育研究.[J].沈阳教育学院学报，2002，4（3）.

能和技能。

（二）提升教师的自我反思意识和能力

教师参与教育研究之后会越来越善于对自己的实践活动进行批判和反思，会更加关心自己的教学方法、对教学的理解和感觉以及整个教学过程。通过参与教育研究，教师既能加强对自我行为和观念的反省，又能更好地了解自己的思想和行为及其对学生的学习和发展所产生的影响[①]。

（三）促进教师创造能力的发展

研究本身就是一个创造的过程，在研究的过程中研究者的创造能力能得到培养和发展。通过参与教育研究，教师不仅能体验到创造过程的快乐和刺激，减轻常规性教学活动所带来的沉闷，还能提高自身的创造能力，有助于在教学过程中更好地培养学生的创造能力和创新思维。

（四）提升教师智慧

真实的课堂教学中，很多非预设性的问题随时都有可能出现。科研能使教师以研究的眼光去看待课堂中发生的各种各样的问题，并灵活运用自己的知识和经验，在解决问题的过程中又进一步积累知识和经验，提升自己的智慧。

（五）使教师感受到自我实现的价值

教师从事研究不仅仅可以改进教育实践，还可以改善自己的生活方式。教育研究可以帮助教师从日常繁杂的教学工作中脱身出来（哪怕只是精神上和理想上的暂时超脱），从所谓"必然王国"逐步走向"自由王国"，在研究中获得理性的升华和情感上的愉悦，同时提升自我精神境界和思维品位，从而体会到自身存在的价值和意义，感受到自我实现的价值。

（六）教师行动研究的步骤

教师的教育行动研究的过程包括发现问题、分析问题、拟定方案、实施尝试、反馈评价、总结等几个环节，每个环节实际上都是带有研究成分的行动。

1.选择和确定研究课题

教育行动研究的根本目标是解决问题。教师首先要对问题进行确认，进而选择和确定

---

① 陈向明.教师如何做质的研究[M].北京：教育科学出版社，2001.

研究课题。

教师明确问题的方式有以下几种：第一，教育实践中面临的问题；第二，理论学习受到的启发；第三，他人成功经验的启示；第四，通过社会调查发现问题。

教师确定问题的原则有：第一，实践性，即所选课题一定是针对自己教学实践改进的需要；第二，可行性，即教师要量力而行，自己能研究这个问题；第三，科学性，即所选问题不能是"伪问题"。

2. 分析问题

分析问题是对被确定为研究课题的问题，用自我追问的方式，从不同层面、不同方面进行把握，进而使要研究的课题变得更具体、更清晰。教师可以通过回答以下问题来对所要研究的课题做出分析。

第一，这个问题是普遍的，还是特殊的？

第二，这个问题是长期的，还是临时出现的？

第三，这个问题的原因可能有哪些？

第四，这个问题以前是怎样应对的？效果如何？有什么不足？

第五，这个问题打算怎样做？根据是什么？

第六，这个问题研究的范围是什么？

第七，研究这个问题可能遇到的困难和不足是什么？自己需要得到什么样帮助？自己要做哪些方面的准备？

第八，这个问题还可以从哪个角度去研究？怎样清晰地表述？研究范围如何确定？

3. 研究解决问题的可能策略

研究解决问题的可能策略需要教师制订初步计划，明确问题的核心，确定重要因素、对象以及研究的关键任务，还要收集资料（收集现有资料、观察记录情境等），并通过激发自己所学的知识、与其他教师交流与合作、查阅相关文献和必要的理论学习等不断修正计划，再回到确定问题和分析问题上，重新界定和分析，最后形成行动策略构想。

4. 实践尝试行动策略

这是教育行动研究最关键最核心的环节。在这一阶段，要注意按计划，但不满足于先前的构想，也不要过多地受到执行中可能遇到的问题和困难的干扰，随时注意观察、改善和解决问题的变化情况，及时记录各种新情况、新问题和新感想。如果遇到问题，也要随时做到具体分析。

5. 反馈与评价行动结果

这一阶段即对行动的过程和结果做出判断评价，对有关现象和原因做出分析解释，找出计划与结果的不一致性，从而形成基本设想，总结计划和下一步行动计划是否需要修正，需要做出哪些修正和构想。

6. 总结

这一阶段是把整个实际行动研究的过程和收获由感性认识提高到理性认识。它的主要工作是整理和描述，即在评价的基础上对观察到的、感受到的与制订计划、实施计划有关的各种现象加以归纳整理，描述出研究的循环过程与结果。

（七）提高教师研究能力的途径

1. 教师进行自主学习和发展

要想提高研究能力，教师自己必须主动学习，不断提高自己、发展自己。教师要将学习中产生的思想、观点、方法运用于实践，创造性地解决实际问题。通过开展教育实践、课例分析、撰写教育叙事随笔等活动，开展教育教学研究，理性审视自身的工作，诊断问题，剖析现象，提出解决策略，提高教育教学质量。

2. 通过课题进行专题性研究

一线教师通过申报课题，能将现实问题提升为研究性课题。申报课题的过程，能将学习、思考、实践、行为、总结有效地结合在一起，不仅能将自己的教育教学活动与课题研究有效地结合起来，使日常教育活动具有明确的目的性和工作方式的科学性，而且教师的研究能力也能在课题研究的过程中得到提高。

3. 展开教学反思

教学反思也是提高教师研究能力、促进教师专业发展的重要途径之一。教师要学会从自己的教育实践中来反观自己的得失，通过教育案例、教育叙事或教育心得等来提高教学反思的质量。

4. 举行网络研讨

随着教育信息化的发展和网络交流平台的出现，网络学习、网络研讨已经成为教师专业发展的重要途径。网络研讨可以通过下面的方式实施。[①]

自主主题研讨。教师从自身教学研究需求出发，通过在网络平台发布研讨主题公告，设定研讨内容、研讨方式等要求，吸引有兴趣的教师参与讨论，参与者结合自身的教育实践感受，阐述自己对问题的理解、困惑与建议，达到学习交流的目的。

互动课例分析。教师通过网上平台开展备课、上课、评课等系列研讨。观课教师从不

① 于士忠. 提高教师研究能力的几个途径. 北京：中国教育报，2012-5-10.

同的角度对教学过程、教学效果各抒己见，自由点评。群体间平等对话、互动碰撞不断拓展思考的广度与深度。

开展即时在线交流。利用即时在线交流工具如微信、QQ 等形式，结交校内校外的教师朋友，形成网络上新的交流群体，通过提问、留言、互发短信等形式，开展教师间即时交流。这种交流不仅能够解决工作中遇到的即时性问题，还发挥了信息互通、感情交流的功能。

五、反思能力

美国著名心理学家波斯纳（G.J.Posner）曾提出教师成长的公式：成长 = 经验 + 反思。著名学者叶澜认为：一个教师写一辈子教案不一定成为名师，一个教师写三年反思有可能成为名师。众多的理论和实践都证明：反思是促进教师成长的一个决定性因素。

（一）教学反思的含义

教学反思指教师为了实现有效的教育、教学，在教师教学反思倾向的支持下，对已经发生或正在发生的教育、教学活动以及这些活动背后的理论、假设进行积极、持续、周密、深入、自我调节性的思考，而且在思考过程中，能够发现、清晰表征所遇到的教育、教学问题，并积极寻求多种方法来解决问题的过程[①]。教学反思是教师对自己教学生活的抽身反省与自我观察，是教师通过对其教学活动进行的理性观察与矫正，从而提高其教学能力的活动。

教师职业生涯是一个不断探索、实践和反思的过程，反思应当自然而然地成为教学的一部分。教师应当经常对自己的教学行为进行批判性分析，成为反思性实践者。早在 20 世纪初，杜威就主张教师需要将解决问题的科学方法应用于教学，在教学中来检验他们的想法。他认为，对于教学应当提出适当的怀疑，而不是毫无批判地由一种教育方法跳到另一种教育方法上来，教师应当对实践进行反思。波斯纳认为，没有反思的经验是狭窄的经验，只有经过反思，经验方法才能上升到一定的理论高度，并对后继教学行为产生影响。为此，他提出了教师成长的公式：教师的成长 = 经验 + 反思。还有研究者认为，"许多普通教师……废寝忘食、夜以继日地拼命工作着，可结果却大多是在教书匠的层面上做着无谓地努力，很难进入到智慧教师的层次。什么原因？缺乏思考使然。只管低头拉车，不管抬头看路；只会唯唯诺诺，不会反省深思，怎能变成一名智慧的教师？"[②]反思要求教师对通常无意识地身处其中的日常教学生活和文化的假设进行反省，对日常教学中一些想当然的假设进行深入思考。教师的教学反思就是通过批判性自我反省和对教学行为的分析，挑战蕴含在自己实践中的信念、假设，审视自己的行为及其思想生成环境，目的在于增强教

① 申继亮，刘加霞. 论教师的教学反思. 上海：华东师范大学学报（教育科学版），2004，22（3）.
② 丁正后. 做智慧教师要善于思考. 北京：中国教育报，2005-09-14.

师的理性自主，使教师对其实践信念和实践的因果决定因素有更多的自我意识，从而使教师处于更多的理性自我控制之下，摆脱外在无形有形的束缚，使教师的成长始终保持一种动态、开放、持续发展的状态。[①] 所以，应当鼓励教师把自我反思作为他们专业化的研究态度的组成部分。他们应当成为他们自己和他们的学生的优秀的诊断者和观察者。只有这样，他们才能够真正当之无愧地从事教育这一伟大的事业。经常性的教学反思可使教师更新其固守的经验和模式，不断提高教学水平，促进教师专业发展，使教师从经验型教师转变为专家型教师。这是一种有深度的、以回溯为基础的理性重建。通过反思，教师自觉、主动、有意识地审视自己的教学行为，学会从自身的教学实践中发现问题，分析产生问题的原因，制订计划，采取对策，并将感性的、表面化的经验提升，从而生成实践智慧。

（二）教学反思的过程

教学反思的过程包括以下四具步骤：

第一，教师选择特定问题加以关注，并从可能的领域（包括课程方面、学生方面等）收集关于这一问题的资料。

第二，教师开始分析收集来的资料，形成对问题的表征，以理解这一问题。他们可以利用自我提问来帮助理解。提出问题后，教师会在已有的知识中搜寻与当前问题相似或相关的信息。如果搜寻不到，教师就会去请教其他教师和阅读专业书籍来获取这些信息。这种调查研究的结果，有助于教师形成新的、创造性的解决办法。

第三，一旦对问题情境形成了明确的表征，教师就开始建立假设，以解释情境和指导行动，并且还在内心对行动的短期和长期效果加以考虑。

第四，考虑过每种行动的效果后，教师就开始实施行动计划。当这种行动再被观察和分析时，就开始了新一轮循环。

（三）教学反思的方法

教学反思主要有以下四种方法。

第一，反思日记。在一天的教学工作结束后，要求教师写下自己的经验，并与其指导教师共同分析。

第二，详细描述。教师相互观摩彼此的教学，详细描述他们所看到的情境，教师们对此进行讨论分析。

第三，交流讨论。来自不同学校的教师聚集在一起，首先提出课堂上发生的问题，然后共同讨论解决的办法，最后得到的方案为所有教师及其他学校所共享。

第四，行动研究。为弄清楚课堂上遇到的问题的实质，探索用以改进教学的行动方案，教师以及研究者进行调查和实验研究。它不同于研究者由外部进行的旨在探索普遍法

[①]　赵昌木. 教师在批判性教学反思中成长. 北京：教育理论与实践，2004，24（5）.

则的研究，而是直接着眼于教学实践的改进。

六、创新能力

创新是一个民族进步的灵魂，是素质教育的着眼点。而要实施素质教育，培养学生创新意识、创新精神和创新能力，关键是要建设一支高素质的、创新型的教师队伍。

（一）教师创新能力的内涵

教师的创新能力是指教师打破常规，用不同于一般的方法解决教学活动中的实际问题的能力。具体而言，就是接纳新的教学理念，吸取最新的教育教学成果，创建新的教学模式，打破常规，采用新的教学方法，并将其运用到教学实践中去，形成鲜明的教学个性的能力。它是教师综合素质的折射，是对教师较高层次的要求，体现在教育教学活动的各个方面。

（二）教师创新能力的主要内容

教师创新能力应包含教师创新意识、教师创新思维、教师创新人格和教师创新技能四个方面。

1. 教师创新意识

教师创新意识，即教师进行教育创新的兴趣和愿望，以及通过教育改革达到教育创新的主观动机。创新兴趣和愿望，如喜欢接触和尝试新鲜有趣的事情。创新动机，如在工作中愿意主动承担具有挑战性的教学任务。

2. 教师创新思维

教师创新思维，即教师在教育创新的过程中运用和体现出来的思维特征。它表现为三个方面。第一，发散思维。例如，多角度思维，寻求解决问题的多个切入点。第二，逆向思维。例如，能突破正向思维的惯例，出奇制胜。第三，科学类比思维。例如，在教学过程中能参考多种教学资料，从中发现各自的特点，并择优应用到自己的课堂教学中。

3. 教师创新人格

教师创新人格，即教师在教育教学活动中，在先天素质基础上形成的独特而稳定的、具有创新倾向和动力的心理品质的总和。它表现为四个方面：第一，独立性和独特性；第二，求知欲和好奇心；第三，想象力和联想力；第四，专注力和意志力。

4. 教师创新技能

教师创新技能即在教育教学过程中，为了达到教育创新的目的而采用的各种创新的手段和技巧。它是教师创新能力的最终体现，也是最显著的体现。它表现为五个方面：第一，课程教材创新技能；第二，课堂教学创新技能；第三，学生管理创新技能；第四，课外知识拓展技能；第五，教育教学研究技能。

（三）提高教师创新能力的途径

1. 提高教师素质

（1）爱岗敬业，不断钻研，提升职业精神和职业道德。

教师只有爱岗敬业，才能把创新型人才的培养贯穿于自己的实际工作中。只有不断钻研，提高自身的专业素养和技能，才能以自身的创新意识、创新思维以及创新能力去感染、带动学生创新能力的形成和发展，营造以学生为中心的生动活泼的学习局面。

（2）更新教育观念，转变思维方式。

在很长一段时期内，学校教师常常以卷面考试的分数来检验学生的学习水平，并以此作为鉴定学生好坏的重要标准，甚至是唯一标准。在这种氛围下造就的教师角色，体现不出教师劳动的创造本质，同时也贬低了教师应有的生命价值。

因此，教师要更新教育观念，转变思维方式。首先，教师必须克服传统的偏见和偏爱，消除人为优劣之分，给个性不同的学生以充分表现特殊才能的均等机遇和平等权利。其次，要树立新型师生观，平等地对待学生，客观地评价学生。最后，构建师生之间相互尊重、相互信任、相互理解的新型平等、民主的合作关系。

（3）优化知识结构，增强实践能力。

创新教育对教师的知识结构提出了更高的要求。教师不仅要具有本学科的专业知识，还要具有教育科学知识，更应该具有广博的科学文化知识。教师应该是能进行学科的融合、掌握现代教育理论、了解最新科研动态、熟悉现代教育技术的综合型人才。除此之外，教师还应该具有不断更新知识、调整知识结构以适应教育发展的能力及较强的实践能力。

2. 深化学校管理体制改革

深化学校管理体制改革，实行科学管理，构建合理的教学评估体系，这是鼓励教师创新、实施素质教育的动力机制。学校应该允许、鼓励和帮助教师创造性地进行教学，乐于为教师提供一种相对宽松自由的环境。学校的管理目标重点应放在让教师注重教学研究、钻研教材、学习新知上，放在如何使学生成为学习的主体和如何培养学生能力上，不对教师的具体教学安排、教学过程、教学方式等做过多的限制和规定。总之，正确评价教师及其教学工作，不对教师做过多过细的限制和规定，做到严而不死，活而有序，才能充分发挥每个教师的创新能力。

3. 改革培训模式

教师培训要形成有利于培养创新思维、创新能力的培训模式，或专题教学，或网络研修，或菜单式授课，或老教师传帮带、听观摩课，或现场示范、读书研讨等不同的形式。总之，要实现风格各异的多种培训。

第五章　高中化学实践教学体系的构建

第一节　高中化学教学中"任务驱动"教学模式的应用

一、高中化学任务驱动教学法的基本理论

（一）任务驱动教学法的基本特征

任务驱动教学过程体现了"以任务为主线、以教师为主导、以学生为主体"的教学过程。在任务驱动教学中，教师的主导作用和学生的主体作用是相辅相成的，主导推动主体，主体促进主导，直至完成整个教学过程。教师为任务的展开创设合理的情境、提出任务，以环环相扣的教学过程推动学生发挥主体作用从而完成任务。在任务完成过程中，学生集思广益，开拓思维，同时会提出与任务有关的问题，促进教师发挥主导作用来点拨学生合理完成任务。在学生、教师的推动下，任务本身可能出现一些不可预知的变化，也可能有更深层次的拓展，从而促使学生全面掌握知识。任务、教师、学生三者的互动体现了任务驱动教学模式的基本特征。

1.以任务为主线

任务驱动教学模式的核心是任务设计，任务贯穿于整个教学过程中。课堂教学以任务为主线，师生间围绕任务互动，学习以任务完成为标志。可以把任务根据不同的标准进行分类。例如，根据任务完成的时间限制可分为学期任务、单元任务、课时任务；根据任务结果可分为作品展示的任务、问题解决的任务；根据学生的个别差异性可分为基本任务和扩展任务；根据学生的认知结构和知识结构可分为封闭型任务和开放型任务。任务的分类有助于教师设计任务。

在任务驱动教学过程中，任务不但是学习的知识载体，而且是教学的内容。相当一部分教师错误地认为任务驱动中的任务就是让学生去做一件具体的事，完成具体的操作，完成任务就是任务驱动。在任务驱动教学中，任务设计的质量直接关系教学效果。虽然学生完成了任务，但是学生的能力却没有得到培养，这样的完成任务不等于任务驱动。任务应

该与要求学生巩固的技能和相关的知识点有密切联系，但任务不能只停留在掌握基础知识和基本技能的基础上。在设计任务时，可以从解决问题的具体过程来考虑，使任务的完成过程既满足教学的需要，又满足学生学习技能培养的需要。同时，任务还应该具有探究性、创造性和生活性，即任务应来源于学生的学习和生活的真实世界，反映与学生相联系的客观世界。也就是说，任务不是凭空捏造的，任务设计要把学生所学习的、生活的真实世界浓缩于任务之中，使学生与任务的交互就是学生与真实世界的交互，而不是站在真实世界之外来学习和认识不相关的任务。而化学教学中的任务特指通过使用化学原理或化学反应来解决某个或多个实际问题。

2. 以教师为主导

任务驱动的教学模式是基于建构主义教学理论的教学方法，与传统的行为主义强化学习理论相比，教师的作用将发生转变。这种角色转变有两重含义：一是从传统的知识讲授者、灌输者转变为学习的组织者、引导者、协作者；二是从讲台上讲解转变为走到学生中间与学生交流、讨论、共同学习。任务驱动的教学模式要求教师必须明确自己所担当的角色，认识到学生学习的知识不是靠教师的灌输被动接受的，而是在教师的指导下，由学生主动建构起来的。在整个教学过程中，教师不是可有可无、无事可做，而是比传统教学中的作用更加重要，更加不可缺少。教师的主导作用主要体现在以下五个方面。

（1）任务的设计者。

教师分析教学目标，制定切实可行的教学任务。

（2）任务情境的创造者。

建构主义学习理论强调创设真实的情境，创设情境是任务完成的前提。例如，讲到盐类水解时创设问题情境：厨房里的两个调料瓶中都有些白色固体，只知道它们分别是食盐与纯碱中的某一种，请你利用家庭现有条件，用两种方法把它们区别开来（简要写出步骤、方法、现象和结论）。

（3）学生完成任务的帮助者。

学生完成任务需要教师引导，教师根据学生需求及时提供有效的帮助。

（4）任务完成的评价者。

教师要对学生完成的任务制定一定的评价标准，尽量对学生的任务完成过程及结果做出客观准确的评价。

（5）课堂教学的监控者。

化学课堂教学是动态的，特别是学生实验教学，随时需要教师的监控，需要教师及时指出任务完成过程中出现的问题，引导学生向任务完成的方向努力。

3. 以学生为主体

从学生角度来说，任务驱动是一种学习方法，适用于学习操作类知识和技能，而学生是学习的主体。任务驱动教学有助于体现学生主体地位，主要表现为以下几点。

（1）激发学生的学习欲望。

教师精心设计的任务可以引起学生的注意，激发其主动投入到执行任务的过程中；在完成任务的过程中，学生可以体验成就感、满足感，从而进一步激发其求知欲望，形成一个感知心智活动的良性循环。

（2）培养学生提出问题、分析问题和解决问题的能力。

任务驱动是一种伴随着问题解决的教学方法，所有的教学内容都蕴含在任务中，能让学生通过问题的解决来主动建构概念、原理、方法等。提出问题是分析和解决问题的前提，学生只有提出问题，才会有所思考，才能有所认识，然后有所掌握、有所创造。在任务驱动的教学模式下，学生必须学会质疑，提出需要解决的问题，探究解决问题的方法和途径，只有这样才能顺利完成任务。

（3）培养学生的协作意识。

学生完成任务的过程不仅是与教师交流的过程，还有大量学生之间相互的协作与交流过程。学生之间的交流产生的认知冲突对学生全方位地认识事物有重要作用。在这种生生互动中，学生反思自己的思考，借鉴别人的观点，学会从其他角度认识事物，更进一步地组织、完善自己的观点与结论。任务驱动教学模式通过要求学生完成任务，为他们提供了交流互动的机会。

（4）培养学生自主学习的能力。

任务驱动教学将学习置于接近真实的环境中，有时甚至是真实的情境中。在这种学习情境中，学生不但学到了知识，而且培养了知识迁移能力，学会了解决实际问题的过程和方法。在任务的完成过程中，学生提出疑问，查找资料解决问题，最终完成任务，从而完成了相关知识的建构。随着任务的完成，学生的成就感也得到了满足。这时学生强烈地希望再去尝试新的任务，提出问题，解决问题，循环往复。在这个过程中，学生自主学习的能力得到了提高。

（二）高中化学教学中任务的设计原则

任务设计是任务驱动教学方法中的重要环节，任务直接影响教学效果。因此，任务设计非常关键。任务设计得适当能诱发学生深思，使学生很快进入思维的状态中，使任务顺利地进行。在具体的实践基础上，总结了化学教学中任务设计的六个原则。

1. 任务设计要有明确的教学目标

任务的目标要明确。在设计任务的过程中，要有一个明确的目标，这样才能有的放矢。一个目标的完成，需要很多知识点，这时可以把总体目标分化为一个个小目标，并且把每个小目标设计成为一个个子任务，使之容易掌握，再通过这些子任务来体现总体目标。

在设计任务时应注意以下两种错误倾向。

（1）避免教学目标片面化倾向。

以往的化学课程过分关注知识与技能目标，将化学学习定位在形成知识和技能上，以知识、技能的熟练程度为衡量教学效果的标准，忽视了学生运用方法解决问题和形成价值观的过程；课程要求的统一性掩盖了学生的差异，导致不同学生在原有基础上难以获得良好的发展。在任务设计时，教师把任务当作一种纯技能训练的中介，忽视了用它来培养学生其他方面的科学素养。

不可否认的是，任务驱动教学中的任务非常适合基本知识和技能的培养，但这并不是说，它只能培养技能层面的科学素养，科学素养的培养是一个整体的过程。任务的完成不仅是技能上的训练，还伴随着对技能方法和学习方法的掌握，以及对科学文化的感受和内化。

新的课程理念要求尊重学生个性发展，以全面提高学生的科学素养为宗旨，从知识与技能、过程与方法、情感态度与价值观三大方面较全面地阐述课程目标。

（2）教学目标指向的完整性。

强调任务的教学目标指向的完整性，并不一定要将科学素养的各个方面都放在一两个任务中体现。任务能培养学生哪个或哪些方面的科学素养就以其为目标，绝不可牵强附会地将实现不了的目标列入其中。

2. 任务设计要符合学生的特点

因为不同的学生接受知识的能力不一样，不同年龄阶段的学生接受知识的能力也是有差异的，地域差别、学校差异等因素也导致了学生的化学学习能力的差异性。设计任务时，要从实际出发，充分考虑学生的现有文化知识、认知能力、年龄、兴趣等特点，遵循由浅入深、由表及里、循序渐进的原则，注意分散重点、难点，根据学生已有的知识经验展开教学，尽力体现"以教师为主导、以学生为主体"的教学策略。对新的知识或有难度的任务，教师要先进行必要的讲解与点拨；对基础较差的学生，开始时应布置一些简单易实现的任务，让他们体验到一定的成就感，培养其学习化学的兴趣。教学设计要为学生留有活动余地，任务不能太烦琐，应具有一定的完整性，便于培养学生的综合应用能力。同时，要处理好任务之间的联系，不要孤立地设计任务，以确保教学的连续性和系统性。

3. 任务设计要符合真实性原则

教师要创设出与当前主题相关的、尽可能真实的学习情境，引导学生带着真实的任务学习，使学习直观化和形象化。任务应来源于实际的学习和生活，是学生熟悉的日常学习和生活经验。这样有利于运用学生的已有经验，唤起其学习欲望；同时，有利于改造和拓展学生的已有经验。所谓贴近学生学习和生活经验包括两种可能：一是利用学生已有的学习和生活经验来教学，如考查生活污水对河流的污染，并用化学反应机理说明原因；二是将化学知识应用于解决学生学习和生活中的实际事例，如氧化还原反应对人类的危害。设计任务时可以根据需要，有针对性地选择这两种"贴近"方式。

真实性原则中还要注意不可片面地理解任务"来自实际"的含义，选取来自实际但远离学生生活经验的实例，会导致学生在学习和完成该任务的过程中要补充大量的基础知识，进而课程主题被冲淡，学生不知所云。如调查衣料所用纤维制品的性能、价格和市场占有率以及如何识别它们，这样的任务就比较大，不适宜课堂教学，只可作为课后实施的开放型任务。实际上，所谓来自实际的任务，其核心目标是唤醒和激发学生的学习动机，烘托课程主题，提高学习效率。

4. 任务设计要遵循可操作原则

在化学学习中，学生亲自做实验得出结论比听教师讲、看教师示范要有效得多。教师提出问题后，让学生通过自己的探索去尝试，最后完成任务。设计任务时，一定要注意任务的可操作性，要设计出只有通过亲身实践才能完成的任务。当然，任务不能太难。如果学生经过一定努力也难以完成，这样会让他们对化学学习失去信心。任务也不能太易。如果让他们感觉化学太简单，也会对学习失去应有的认真，任务最好限定在学生的"最近发展区"附近，以达到最佳效果。一般说来，封闭型任务涉及的知识点不宜过多，应采用个别化学习方式；开放型任务由多个学生共同协作完成，学生在相互交流中不断增长知识技能，促进学生之间良好的人际合作关系，有利于培养学生的创新精神和创新思维。

5. 任务设计要遵循趣味性原则

人们常说，兴趣是最好的老师。设计的任务如果能引起学生的兴趣，将会大大激发学生的求知欲望。例如，为奥运会设计一种有中国特色的节能环保型奥运火炬。这个任务的设计与课本知识点中的能源部分紧密结合，又与热门话题奥运会相联系，学生乐此不疲。同时，通过这样的一个任务，教师可以适时地对学生进行环保意识与爱国主义教育。

6. 任务设计要注重渗透方法，培养学习能力

设计的任务要给学生"留白"，给学生充分创造和发展的空间，并使学生能举一反三、触类旁通，思维得到发展。同时，任务的设计要注重渗透方法，培养学生的能力。

例如，在讲解"乙醇分子结构"时，教师不是直接把乙醇的分子结构给出，而是让学生做一道练习题，在已有知识的基础上自己推导：某有机物重 4.6 g，完全燃烧后生成 0.2 mol 的二氧化碳和 5.4 g 的水，并且此有机物蒸气的相对密度是相同状况下氢气的 23 倍，求此有机物的分子式。

学生经过解答，得出符合题意的分子式为 C_2H_6O，而该分子有两种可能的结构形式。教师可以引导学生做乙醇的相关实验，判断出乙醇结构中有一个氧原子和其他 5 个是不同的，从而得出乙醇正确的结构。这道留白习题的设置，还为以后学习同分异构体奠定了基础。学生通过习题得到了思考的空间，对知识的掌握也会更加深刻。

二、高中化学任务驱动教学法的教学过程结构与教学设计

（一）任务驱动教学法的教学过程结构

任务驱动教学法是通过提出任务来进行教学的。任务是中心点，学生围绕任务来进行学习，教师围绕任务给予指导，并引导课堂教学。任务驱动教学法以"提出任务—分配任务——完成任务——评价任务"为教学主线。教学过程可大致分为以下几个阶段。

1. 提出任务

任务驱动教学法要求首先分析教学内容，然后以此为依据设置合理的教学目标。教学目标不只是知识的获取，还应该有三维目标，即知识与技能、过程与方法、情感态度与价值观。最后将这个大目标细化成一个个小目标，针对每一个小目标提出一个较为简单易解决的子任务。学生通过逐步解决这些子任务从而完成任务，实现总的学习目标。其中提出的第一个子任务，即为切入点。这个切入点应该与现实生活结合较为紧密或者就是真实的社会问题，以便于激发学生的学习兴趣。

2. 分配任务

任务驱动教学法的核心是任务，全部的教学活动都是围绕任务来进行的。教师要让学生有参与感。在任务提出之后，不同的学生能力不同，所能解决问题的层次也不同。因此，应当将任务具体分配到小组或个人，让学生明确各自的学习任务，激发其想象力和创造力，从而积极主动地参与到课堂活动中来。学生的互动交流能够使其更好地完成任务。因此，教师在分配任务时可遵循互动性原则，让学生合作学习、相互交流、相互帮助。

3. 完成任务

当学生明确自己的学习任务以后，教师应当给予学生足够的时间去思考，还应当提供给学生完成任务所需要的工具和材料，引导学生大胆假设、小心求证，设置科学严谨的实验过程。在完成任务的过程中，教师要注重培养学生的合作、交流和创新能力。

4. 评价任务

学生完成任务后，教师应当及时给予学生积极肯定的评价，因为每个学生都渴望得到肯定和荣誉。教师在评价时不应只注重结果，即学生完成任务的好坏，还应当注重过程，即学生的学习过程。教师要引导学生回顾他们在解决问题时为什么采用此种方法，加深学生的个人体验，从而提高学生归纳知识和解决问题的能力。

（二）任务驱动教学法的化学教学设计分析

教学设计是教学过程的初始阶段，对教学过程起着宏观调控、前导与定向的作用，是

教学目标第一实现过程的具体预演。它的优劣直接决定着教学过程与教学效果的优化与否。主要从教学目标的分析、教学策略的分析、教学评价的分析三个方面来研究如何设计化学教学案例，为实施任务驱动教学法提供服务。

1. 教学目标的分析

教学目标是教学的起点和依据，也是教学的归宿，支配着教学的全过程。目标的设置不是随意的，而是要紧扣教学内容，根据新课标的要求并结合学生学习的情况。教学目标的设置要符合学生的学习需求。因此，在设置目标时一定要具体，要能通过一定的方法和手段检测出学生是否达到目标。在正式进行实验之前，应做到对学生、教材内容和课程标准进行分析。

（1）学生分析。

新课标的教育理念是"一切为了学生的发展"，认为教学应当体现"以学为主体、教为主导"。学生的地位和重要性在不断加强，教师不可能脱离学生进行教学，而应该以学生为本，分析学生的共性和特性，以便于因材施教，顺利展开教学，实现教学目标。在化学学习的过程中，学生不仅要获得知识和技能，掌握过程和方法，还要形成一定的情感态度与价值观。学习不仅仅是为了获取知识，更重要的是为了学以致用，利用所学的知识去获得成功的体验。因此，在教学过程中，教师应该注重联系生活实际，引导学生发现问题、分析问题和解决问题。同时，因为学生本身的知识经验和背景各不相同，每个学生都有其独特的个性、行为方式和思维习惯，所以，教师在对教学目标进行设计时，首先要做到对学生的各方面情况进行仔细、深入的研究和分析，以确保教学目标的设计没有脱离学生的实际。

（2）教材内容的分析。

《高中化学必修1》（人教版）包括四个章节：从实验学化学；化学物质及其变化；金属及其化合物；非金属及其化合物。这些章节主要包括实验基础、基本概念和无机化合物。其中，金属及其化合物主要是对钠、铝、铁、铜及其重要化合物和铜合金、钢的研究；非金属及其化合物主要是对硅、氯、氮、硫及其重要化合物的研究。所讲知识点包括物质的结构、性质（物理性质、化学性质）、存在和用途。而对于物质性质的讲述，大多是以实验的手段来讲的，通过对实验现象的描述，探究物质的性质。但有些实验按照教材中所采用的方法并不能看到教科书上看到的实验结果。如在制备氢氧化铁的实验中，在硫酸亚铁中加入氢氧化钠后，并不能直接看到白色沉淀的生成，而是由于氧气的干扰直接产生灰绿色沉淀；并且过一段时间之后，整个试管中的灰绿色沉淀并不能像课本中所描述的那样全部变成红褐色沉淀，而只是试管壁和溶液上层与空气相接触的部分沉淀变成红褐色。对于这样的一些实验，教师则应该根据学校教学仪器的客观条件和课程标准的要求，设计新的实验或者解释为什么会出现与课本不同的实验现象，切不可只要求学生掌握知识，而不了解原因。

2. 课程标准的分析

化学教学目标要符合中华人民共和国教育部制定的课程标准。新课标要求在进行化学教学时，应使学生在三个方面达到统一和谐的发展，即知识与技能、过程与方法、情感态度与价值观。这就要求教师在设置教学目标时，不仅要让学生掌握知识和技能，还要注重学生的学习过程，让学生在学习过程中经历对化学物质及其变化的探究，从而掌握学习方法，了解科学发展的历程。此外，还要有情感的体验，建立唯物主义的世界观和保护环境的意识。新课标规定了化学教材中每个章节的内容标准，这是学生所要达到的基本要求，同时给出了相应的活动和探究建议。在设计教学目标时，不要单纯地依靠辅导教材，而应该回归到课程标准中，了解其对学习内容和学习程度的具体规定；设置教学目标时，还应认真研究教学内容，依据客观条件和逻辑思维，对教学内容进行顺序的调整或者合理删减，再根据内容标准要求设置合理的教学目标。

3. 教学策略的分析

（1）分析目标，提出任务。

化学教师要根据新的课程标准和内容标准要求，参考内容标准中的活动与探究建议，对教材内容进行分析，并且依据自己对教材的理解和学生已有的知识水平去设计任务。设计的任务应该具体、明确，符合学生的"最近发展区"；还应该具有一定的开放性，满足不同学生的学习需求，并且促进学生发散思维的发展，使学生可以得到多种完成任务的方法。当然，教师要让学生自己选择合适的活动去完成任务。所谓合适的活动，可以是组织学生进行社会调查、组织学生自主设计实验进行实验探究或者是小组交流合作讨论等。

设计的任务可以从物质的用途出发。化学教材中的知识往往是提炼的化学本质，但也给学生造成了化学无用的错觉，学生无法将化学与他们的生活联系起来。而从物质的用途这一角度出发，正好可以解决这个问题。比如，在探究二氧化硅与氢氟酸的反应时，可以利用玻璃的雕刻工艺作为背景进行学习。

设计的任务还可以从解决实际问题出发。从解决实际问题的角度来设计任务，不仅可以培养学生的社会责任感，同时能够帮助学生利用化学知识去解决社会问题或科学现象，实现学以致用。比如，学生在学习钠与水的反应时，就可以以解决钠着火为出发点进行探究。

（2）创设情境，明确任务。

情境的素材有很多，可以从生活或文学历史中获得。在选择情境时，要注意情境应该是明确的，情境的创设是为了更好地提出任务和达到教学目标；情境应该是真实的，创设的情境应该与日常生活紧密联系，让学生在这样的背景下，根据自己的已有经验去解决问题；情境应该是师生可以互动的，设置的情境应该使师生之间、生生之间有较好的交流和互动，使学生能够积极地参与进来，从而体会合作学习的乐趣。

（3）组织活动，完成任务。

活动的参与者是教师和学生。在课堂活动中，二者并非独立的，而是相互和谐统一的。学生的学习活动主要是明确自己所要完成的任务，之后进行活动探究，得出相应的结论，并且进行反思总结，讨论自己在活动探究中存在的问题，从而可以概括为明确任务、执行任务、得出结论、进行反思四个环节。教师的活动环节应该是要具体分配学生所需要完成的任务，在学生完成任务的活动中给予相应的指导和帮助，并且在学生完成任务后帮助学生进行总结，给出正确的结论，从而可以概括为分派任务、指导学生、引导总结、给出结论四个环节。

在引发学习活动时，教师要选择真实、有趣的情境吸引学生的注意力，使学生快速进入学习活动中。学生在感受情境的同时明确自己的任务，然后进行科学探究。

在执行任务的过程中，教师应当确定学生学习活动的内容和形式，适当地给予学生帮助，从而让学生顺利完成任务。学生的活动形式多种多样，可以是班集体活动、小组合作或由个人独立完成。教师应根据任务的难易程度规定学生的活动形式。

在完成任务之后，应对整个任务进行总结。这个总结应该首先是学生自主讨论后得出的，教师再进行补充，从而给出正确的结论。进行总结是教学过程中非常重要的一个环节。因此，在进行总结时，要给学生一定的时间，让学生对任务的过程和结果进行梳理和反思，这是对学习的一个归纳和提升，教师切不可操之过急。学生在总结时应从知识与技能、过程与方法、情感态度与价值观三个角度来思考自己的收获。

（4）查找资源，支持任务。

任务的设计、完成需要搜集足够的资源，这些资源可以是教材、辅导资料、网络资料等。根据资源的获取途径，可分为学校资源、网络资源和泛资源三类。

学校资源是在学校就能够获得的资源，如学校所发的教材、学习资料、实验室的药品和仪器，这些资源是完成教学活动所必不可少的。教材决定了一节课的教学内容，学习资料可用于学生对于知识的练习，实验室的药品和仪器对学生学习化学非常重要。在有条件的情况下，教师应该尽可能地让学生自己动手进行实验，还应该提供较多种类的药品和仪器，引导学生设计不同的实验方案。

网络资源是在网络上获得的。现代信息技术的高速发展，为化学教学提供了丰富的网络资源。网络上信息丰富，可以让学生了解科学的最新发展，同时能够提高学生收集、处理、分析问题的能力，使学生得到有效的信息。

泛资源是指学生为了完成学习任务，通过去图书馆查阅文献、参观工厂、亲自拜访专家等手段获取的信息。

4.教学评价的分析

（1）教学评价的内容。

在进行教学之前，教学评价的内容主要包括两点：教师设计的任务是否具有真实性、挑战性和开放性；教师对于教学资源的准备是否充足。

对于教学过程中的评价内容，主要包括以下三项：一是评价教师对于任务的分配是否明确，对学生的指导是否合理，对课堂的把控能力如何；二是评价学生是否可以参与课堂活动、参与小组讨论、亲自动手实验、回答教师问题以及对于任务的完成情况；三是在教学结束以后，学生是否达到了相应的教学目标。

（2）教学评价的方法。

教学评价的方法主要有数据分析法、观察法、访谈法和调查问卷法。数据分析法主要是分析学生的成绩，研究利用任务调查学生的成绩是否出现显著的变化。观察法是在课堂教学中进行的，主要是观察课堂的教学氛围、学生的课堂参与程度和学生回答问题的次数。访谈法通过与其他教师和学生进行口头交流，目的是得到其他教师和学生对于任务型教学的看法。调查问卷法主要是通过设计不同维度的具体的问题，得到具体的数据，研究学生对于任务教学法的看法以及通过任务教学法得到哪些收获。

第二节　高中化学教学中"相异构想"理念的探寻转化

一、相异构想及其特点

没有从零开始的学习，学生在学习某一项化学知识之前，头脑里并非一片空白。这些未经专门教学，在同其他人进行日常交际和积累个人经验的过程中掌握的概念，其内涵受狭隘的知识范围限制，往往被不适当地扩大或缩小，这就是所谓的前概念。学生正式学习某一学科前形成的前概念，有些与科学概念一致，有些与科学概念相悖，这些偏离或背离科学概念的观点与认识即为"相异构想"。

学生的"相异构想"有如下特点。

（一）广泛性

学生在正式接受科学教育之前对日常生活中大量的现象有了自己特定的理解，这一理解包罗万象，广泛存在于不同领域、不同层次的学生中。

（二）自发性

学生头脑中的相异构想源于对大量的日常生活现象的观察和感知。这些经验在其大脑中逐渐深化发展，经过感觉、知觉、表象阶段最终形成概念。学生头脑中的相异构想完全是自发的，是他们凭借自己的感觉经验构建起来的。

（三）顽固性

相异构想含有学生对自然现象先入为主的印象，是学生自己的切身体验，且在学生头脑中已经长期形成，通过生活经验对其进行了强化。因此学生头脑中的相异构想具有顽固性。

（四）隐蔽性

学生头脑中的相异构想由于是潜移默化形成的，在日常交往当中表现不明显，只有在学习科学概念时才可能联想到。

（五）再生性

学生的相异构想由于自身的顽固性，尽管通过教学，学生可以接受相应的科学概念，但是一段时间后又恢复其原有想法。面对一些现象，"潜伏"于他们头脑中的错误想法又被"激活"，即用相异构想加以解释。

二、化学相异构想产生的原因

相异构想从产生的途径上可以分为两种：一种是在接受科学教育之前，学生根据日常生活经验，在与自然和社会环境相互作用的过程中形成的；另一种是学生在接受科学教育之后，在教学情境中形成的，主要表现为一些学生缺乏感知经验的概念。

（一）生活经验

化学与日常生活联系的密切性决定了化学相异构想的一个主要来源是生活经验。学生在日常生活中，通过直接观察和感知，从大量的自然现象中获得了不少化学方面的感性知识。由于实践认识的局限性，有的认识是片面的，甚至是错误的，有的则是对知识的一知半解，这是相异构想的一个重要来源。

（二）学习环境因素

在传统教学中，由于教师为了某个知识点的教学需要而过分地突出某一方面现象或结果的观察与分析，而忽视了相关的其他知识，造成了偏概念，产生相异构想；或者教材提供的实例不够全面，也常常导致新的相异构想或强化学生原有的相异构想。例如，在关于"催化剂"的教学中，教师为了加深学生对"催化"的理解，由于举例的片面性，过分强调加快化学反应速率的作用，忽视了催化剂也可能会减慢化学反应速率，以致部分学生认为催化剂在化学反应中只是加快反应速率，而不是改变化学反应速率。

（三）学生的认知水平

相异构想的产生还有学生主观认知结构方面的原因。有的学生本来基础差，对新的知识不能真正掌握和消化，只能在头脑中记住一些东西，有的对化学学习没有兴趣，缺乏有意学习的心态，这些都势必造成对化学概念模糊不清或一知半解。如元素是一种具体的物质，化学平衡是一种静止而非动态的平衡等。

（四）类似概念的干扰

化学中有很多字面相近、含义相似或属性相关的概念，由于它们之间对比度比较小，个性不够鲜明，在思维过程中就会产生误导性联想和思维分歧化，出现概念间本质属性的混淆。例如，物质的量和物质的质量，键的极性和极性分子，酸的溶液和酸性溶液，中和和中性，等等。如果学生对这些概念理解不够，把握不住它们的本质和区别，则极容易混淆或写错。

三、高中生"化学反应原理"核心概念相异构想

构建主义学习理论认为，学习是学生主动地将原有经验和新信息进行对比、分析、批判、选择和重建知识结构的过程，是观念（概念）的发展或改变，而不是新信息的简单积累。教学是为了促进学生从旧观念向新观念转变，教师的任务则是选择能有效促使学生发生观念转变的教学策略。学生原有的相异构想不但是教学要改变的对象，而且是概念教学的起点。构建主义的"概念变更"学习观，是把学生原有的知识经验作为新知识的生长点，引导学生从原有的知识经验中获得新的知识。因此，研究学生原有的观念和思维方式，弄清其对学习和理解新知识会造成什么样的障碍与影响，是实现概念转变的前提。

在学习选修模块"化学反应原理"之前，学生通过对日常生活的观察和体验以及必修课程的学习，已经积累了有关化学反应原理的初步概念，这是我们进行教学设计的起点和基础。在学生已有的概念中，有的与即将学习的新概念相融，这将有利于新概念的"同化"；而有的是错误的，或者虽然正确，但是停留在认识的表象或局部，这对新概念的"顺应"带来冲突和障碍。了解已知概念中的"相异构想"，将有利于提高新概念教学的针对性和有效性。

四、高中生"化学反应原理"核心概念相异构想的转化

（一）充分了解和揭示学生原有的观念和思维方式

了解学生知识、经验的状况以及思维习惯，尤其是了解学生已有概念中那些不全面甚至错误的想法与观点，是进行科学教育的基础和前提。

可采用各种诊断措施，如学前调查、课堂提问、讨论交流、课后谈话、作业和练习批

改等，主动搜集反馈信息，有针对性地了解学生的这些相异构想，对我们在教学中有的放矢地设计教学策略是至关重要的。

学前调查主要基于教师教学实践经验积累的把握，因而调查的内容和结果并不全面和准确，只能帮助我们大概了解学生的相异构想。从构建主义的角度看，由于不同学生的原有经验和建构方式不同，对相同内容所取得的学习结果也不尽相同，以积极的态度对待这种差异，可以丰富我们的教学资源。教学中设计针对性问题，通过交流讨论，让学生有机会表述自己的思想和见解，这样不仅可以促进学生更全面地理解知识，还可以诱导学生暴露相异构想。随着概念的不断建构和发展，已有的相异构想在转化的同时又有可能伴随或衍生新的相异构想，教师要通过作业、练习、考试等各种反馈渠道，及时监控学生相异构想的变化，并不断调整和优化教学策略。

（二）设置开放教学情境，引发学生的认知冲突

从心理学角度看，凡经过否定质疑的知识，在学生中才有较高的确信度。所以，转变相异构想的有效教学策略之一是教师在教学过程中创设能引起学生产生认知冲突的教学情境，以其无力解决的"冲突"动摇其顽固的相异构想，感到必须修正原来的错误观念或模糊认识，以此为契机和动力，指导学生进行认知顺应，形成与科学观念一致的新概念。

（三）通过实验增强学生的感性认识

感性认识是对事物的直接反映，是心理活动的基础，也是学生实现相异构想转变的基础。相异构想转变过程中丰富学生的感性认识主要途径是观察和实验，学生通过观察可获得更丰富、更生动、更能反映事物共同特征的感性认识。构建主义重视旧经验在构建新知识过程中的作用，而很多相异构想的形成，恰恰是因为学生缺乏构建新知识所必需的感性经验。这时，如果我们仍仅按知识的逻辑进行教学，则学生往往难以真正理解，充其量会觉得"似乎有些道理"，可自己原来的认识也是"有道理"的。于是兼收并蓄，可能记住了科学概念的定义，但并没有真正理解和接受新的概念，同时也保留了原来的"合理内核"，形成一种模糊混乱的认知结构。一旦面临一些特定的情境，"相异构想"就会自然而然地成为学生解决问题的依据，这就是相异构想的隐蔽性和顽固性。教学实践证明，增加让学生观察或自己动手做实验的机会，通过实验为学生提供必要的感性材料，是纠正相异构想的关键之一。例如，向醋酸溶液中滴加 KOH（氢氧化钾）溶液，溶液的导电性如何变化？有同学认为醋酸和 KOH 中和生成了醋酸钾，弱电解质转化为强电解质，溶液的导电性应增强。也有同学认为 KOH 溶液中的水使溶液中的离子浓度降低，溶液的导电性应减弱。更多同学认为，生成强电解质与稀释两个因素共同影响，究竟结果如何不能确定。显然，这样的问题仅从学科逻辑解释，各有各的道理，最终仍旧莫衷一是。而实验则是解决化学问题的最好办法，通过实验结果表明溶液的导电性增强，说明生成强电解质效应大于溶液水稀释效应。

（四）让学生学会科学的思维方法

按照构建主义的观点，学生实现相异构想向科学概念转变的主要机制是顺应。教学实践表明，只有在学生认为新概念比旧概念包含更本质的内容时，学生才能完全接受新概念，实现相异构想向科学概念的自觉转化。这时，教师应以分析、比较、归纳、推理等科学的思维方法指导学生自主建立新概念。在教学中不仅要紧紧抓住概念的本质特征，同时还要注意引导学生理解概念的外延。让学生感知新概念可靠的科学基础，认知顺应才能顺利进行。

学生的相异构想，既可以作为学生学习化学知识的感性知识基础，提供化学知识建构的情境，又可以作为化学概念表征的原型，更重要的是学生的相异构想可以作为化学问题解决的对象。构建主义认为，学习在本质上是学习者主动建构心理表征的过程，是主体以已有的经验为基础，通过与外部世界的相互作用而主动建构新的理解、新的心理表征的过程。教学设计必须了解学生原来具有的知识、技能、态度等，必须与学生原有的知识水平和心理发展水平相适应。在此基础上，通过教学加强新旧知识的联系，才能把新知识纳入学生原来具有的认知结构中。通过设计各种促进学习的过程和资源，促进学生的学习与发展，即通过对教学起点的重构，实现对学习的重构，这是教学设计"学习者中心"和"生本化"的体现，是对原有课程与教学的突破和超越。

第三节　高中化学教学中"课堂观察"策略的应用实践

课堂是落实新课程理念的主阵地，是促进学生发展的重要场所，是教师专业成长的平台。因此，如何提高课堂教学的有效性就成了教师们最关注的话题。以往，为了提高教师的课堂教学水平，传统的听课评课模式主要针对教师的教案设计、重难点的突破和课堂组织能力进行评价、探讨、反思和学习。但这种方式不够细化，指导性和针对性不强，对教师的促进较小。一种旨在通过改进教研组建设、改革课堂教学、改善教学行为，进而实施有效教学、提高教学质量的教学研究方法——课堂观察，成为新课程研究的热点。

一、何为课堂观察

（一）课堂观察的概念

对于课堂观察有两种传统的理解：一种认为它是教师通过观察学生获得反馈，并提高教学有效性的途径和手段；另一种则将其理解为"听课"或"看别人上课"。从方法论的角度看，课堂观察有一定的研究目的、工具和程序等，是一种教育科学研究方法。从教学手段的角度看，教师通过观察学生和反省自身获得教学反馈，是一种提高教学效果的有效手段。从发展途径的角度看，课堂观察促进了教师的专业发展，改善了学生的课堂学习，是一条实现师生共同发展的有效途径。

当教师运用课堂观察这种研究方法开展教学实践活动时，不仅培养了自身的科研能力，还提高了教学的有效性，促进了自身的专业化发展，学生的课堂学习也因此得到改善。可见，关于课堂观察的各种不同的理解并不是互相孤立的，它是一种研究方法、一种教学手段，也是一种发展途径。

（二）课堂观察的特征

从方法论的角度看，课堂观察有五个特征：目的性、系统性、理论性、选择性和情境性。从研究方式的角度看，课堂观察具有主题性、情境性、建设性、对话性和层次性五个特征。从观察要素角度看，课堂观察有三个特征：观察者具有客观性、观察对象具有选择性、观察过程具有思考性。课堂观察作为一种教育研究方法，即在一定的理论指导下，研究者按照明确的观察目的、选择观察对象和工具技术，并且进入现场情境进行观察记录。

（三）课堂观察的类型

按资料属性及其收集方式，分为定量和定性观察。按观察者与被观察者的课堂关系分为自我的和对他人的观察。按观察者之间的合作关系分为合作的和独立的观察。按对观察对象或内容的选择分为集中和分散观察。按观察目的与作用不同分为诊断性、提炼性和专题性观察。按观察主体不同将其分为团队、个体和自我观察。按观察情境范围及观察的系统化程度，分为开放式、聚焦式、结构化和系统化观察。通常在研究中不可能单独运用一种观察方式，而是多种观察类型相互结合，以实现优势互补。

二、课堂观察的基本程序

作为一项专业活动，课堂观察要求观察者带着明确的目标，凭借自身感官及有关辅助工具（观察表、录音录像设备），直接（或间接）从课堂上收集资料，通过观察对课堂的运行状况进行记录、分析和研究，并在此基础上谋求提高学生课堂学习效率，促进教师发展的新途径。

专业的课堂观察是由明确观察目的、选择观察对象、确定观察行为、记录观察情况、处理观察数据、呈现观察结果等一系列不同阶段的不同行为构成的。专业的课堂观察是将研究问题具体化为观察点，将课堂中连续性事件拆解为一个个时间单元，将课堂中复杂性情境拆解为一个个空间单元，透过观察点对一个个单元进行定格、扫描、收集、描述与记录相关的详细信息，再对观察结果进行反思、分析、推论，以此改善教师的教学，促进学生的学习。

专业的课堂观察由既彼此分工又相互合作的团队进行。在课堂观察的整个过程中，每一个阶段都是教师之间多向互动的过程。教师借助课堂观察共同体，探究、应对具体的课程、教学、学习、管理上的问题，开展自我反思和专业对话，在改进课堂教学的同时，促使该合作体的每一位成员都得到应有的发展。

三、如何进行课堂观察

第一步，确定研究问题及目的——针对实际工作中所需要解决的或改善的问题确定研究方案。课堂观察一般只就课堂教学中某一个方面做系统观察，专心致志于特定的事件上，并不打算对教学行为做一全景式的观察和概览，而注重提供一些局部性的"特写镜头"，有重点地做较为深入细致的诊断。主题是课堂观察的灵魂，要选择合理的主题进行观察，主题的选择应该是细小而具体的。主题可以是单一的，也可以是多个的，但不宜过多；主题可以是预设的，也可以是适时生成的；可以以教师的"教"为主，也可以以学生的"学"为主，还可以以课堂的文化为主。

我们要注意的是，课堂观察应该选择好的观察视角进行观察，并研究性地进行记录，方能体现其价值。例如，我们对"提问有效性"的观察，就是根据提问次数、提问时机、问题类型、问题呈现方式、教师回答技巧、学生回答表现等进行细化观察。只有这样，才能让"课堂观察"更加贴近一线教师，也更能发挥它鲜活、及时的特性，便于小结和反思。

第二步，确定观察工具——选择和设计相应的观察工具。观察前，一般要先准备好学生的座位表、问卷表、录像机、录音机等，最为重要的是开发课堂观察的相关表格。在课堂观察框架的基础上，根据学校和学生的特点，结合当前需要解决的问题，设计相关的观察表，包括定性与定量的观察要求。比如，我们要想观察学生在课堂中对教师问题回答的各种表现，那么我们可以开发学生课堂回答问题记录表。量表横向由三个部分组成：一是学生回答方式，二是学生回答类型，三是学生回答的主动性。纵向按照教学环节分为四个部分，每一部分都设置要点记录，观察教师对教学环节中学生的应答行为进行定量记录，同时进行定性描述。

又比如观察课堂的互动行为，我们就要边听边记边思考：有哪些互动行为？学生的互动能为探究新知提供帮助吗？回答行为（主动/被动，群体/个体，教师/学生，回答水平）有哪些？各有多少人？讨论行为（不懂的/拓展的/创新的，主动/被动）有哪些？各有多少人？讨论对象（同桌/小组/班级/师生）有哪些？多少人没参与？活动有序吗？学生的互动习惯怎么样？学困生的互动习惯怎么样？

从以上问题我们可以看出，只有将观察的角度设立得小一点，观察的内容集中一点，有针对性一点，我们的课堂观察才能凸显出它的优势，不然则事倍功半。当我们确立好观察的主题和相关表格后，紧接着就是确定观察团队的分工。分工一般有三种。第一种是"分时法"，是根据时段进行的观察，教师的分工也是以观察时段来确定的。比如，以"课堂提问有效性"为观察主题，每组教师（根据参与人数而定）观察不同时段的提问情况。第二种是"盯人法"，比如学生学习投入状态的观察，分工方法是每一位教师观察一组学生（一组学生一般为4～5人，也可以由两位教师承担同一任务，根据参与人数及学生数而定）。第三种是综合法。这种方法往往是因为观察主题的非单一性引起的，这种观察既有按时段的观察任务，也有"盯人"的观察要求。比如，以学生化学课堂学习习惯为观察主题，我们将学习习惯分为一般性学习习惯和学科思维习惯，一般性学习习惯（准备的习惯、草稿本使用的习惯、作业习惯等）采用"盯人法"，而学科思维习惯的观察则采用"分时法"。

此外，我们都要做现场观察记录。条件好的学校可以做全程录像、录音。现场观察记录时主要是定量和定性两种方法，定量强调的是数据统计，而定性强调的是对教学细节的描述与放大。

第三步，观察的实施——团队观察、自我观察、个体观察的选择。

对于不同的观察类型，实施观察的要求也是不一样的。团队的课堂观察应该规范化。教师在规范化的观察中学会观察的技巧，养成观察的意识，掌握观察的方法。在团体观察时，参与观察的全体成员要处理好协作关系，做到分工、职责明确，规范而有序地开展观察活动，做好相应的记录，积极发表各自的观点，包括问题的归因、改进的建议。

自我观察是日常的观察、瞬间的观察，是一种课堂教学的微观分析。通过自我观察，可以让教师及时发现学生学习态度、学习方法的变化以及对教师授课的反映，帮助教师认识自己的课堂教学实际，了解自己的授课能力和教学效果，便于教师进行针对性的教学反思；让教师及时寻找出预设与实践的差距，对课堂教学中存在的问题进行研讨，寻找有效的教学策略。自我观察促使教师立足于观察自己的课堂，从而反思自己的教育理念和教学行为，感悟和提升自己的教育教学能力。无论处在哪个发展阶段的教师，都可以根据自己的实际需要，有针对性地进行课堂观察，从而获得实践知识，改进自己教学的技能，提升自己的专业素养。自我观察不仅是一种方法，也是一种研究活动，可视为一种促进教学的方法，可以增进教师教学目标的达成，提升学习成效。自我观察也是一种探究途径，可以有助于教师发现、分析和解决教与学的问题。在观察结束后整理出较完整的观察结果和发现，并对这些发现进行开放式的讨论，形成更好的教学方法，为有效课堂服务。只有不断优化课堂教学，才能真正使学生学得轻松、教师教得轻松，课堂效率才能得到真正的提高。

第四步，分析与思考——对观察的信息或数据进行定性或定量分析。

第一，教学者反思。观察者提出诸如你的课好在什么地方、达到了哪些目标、什么地方需要改善之类的问题，帮助教学者进行自我反思。第二，总体感受和片段反思。观察者呈现数据，围绕所观察到的教学事实，与被观察者一起分析、讨论。在这里我们特别强调要用数据和事实说话。第三，深入反思。我们在进行分析总结的时候要特别注意尊重观察到的教学现象，在思考的时候要基于教学的整个系统，要十分注意发现细节与细节之间的联系，在反思过程中不断建构自己的行为与理念。

四、课堂观察的意义

（一）课堂观察的起点和归宿都是指向学生课堂学习的改善

课堂观察主要关注学生如何学习、会不会学习以及学得怎样。这与传统的听评课主要关注教师单方的行为有很大的不同；即使所确定的观察点不是学生，其最终还是需要通过学生是否学得有效得到检验。因此，课堂观察的过程是合作体关注学习、研究学习和促进学习的过程，始终紧紧围绕着学生课堂学习的改善。

（二）课堂观察是促进教师专业发展的重要途径之一

课堂观察是为了改进课堂学习，追求内在价值，面向未来，在观察的整个过程中进行平等对话、思想碰撞，探讨课堂学习的专业问题。课堂观察即教师参与研究，是教师专业发展的最重要且最有效的途径之一。课堂作为教师教学的主阵地是教师从事研究的宝贵资源，课堂观察促使教师由观察他人的课堂而反思自己的教育理念和教学行为，感悟和提升自己的教育教学能力。无论是观察者还是被观察者，无论是处在哪个发展阶段的教师，都可以根据自己的实际需要，有针对性地进行课堂观察，从而获得实践知识，汲取他人的经验，改进自己的教学技能，提升自己的专业素养。比较有质量的课堂观察就是一种研究活动，它在教学实践和教学理论之间架起一座桥梁，为教师的专业发展提供了一条很好的途径。

（三）课堂观察有助于学校合作文化的形成

课堂观察是互惠性的，它不是行政命令，也不是规定性的任务，而是出于自愿和协商的专业学习活动，观察者和被观察者都能受益。而课堂观察合作体的形成与活动的开展营造了一种合作的学校文化，增进了教师的责任感和对学校的归属感。在课堂观察中，我们追求一种基于草根的学术追求。这种"草根学术"强调一线的特征，这种学术异于学院派的学术，强调在课堂具体问题的研究中成长，而这种成长伴随着一种求真、创新的学术精神，呼唤一线教师用自己的话诉说自己的体验与思考。课堂观察用专业的眼光捕捉、解读教学现象与细节，使教学现象与细节"晾晒"在理论之下，而教育理论的内涵也在实践的沃土中更加丰富。

德国哲学家叔本华（A. Schopenhauer）说过，记录在纸上的思想就如同某人留在沙滩上的脚印，我们也许能看到他走过的路径，但若想知道他在路上看见了什么东西，就必须用我们自己的眼睛。课堂观察就是这样一条用眼睛看、用心思考，从而促进教师专业发展的一条有效途径。

第六章　高中化学有效学习及教师师德的提升策略

第一节　有效学习与教师专业理念的提升

一、有效学习的概念

（一）定义

有效学习是由于经验或实践的结果而发生的持久或相对持久的适应性行为变化。或者说有效学习是能够使动物的行为对特定的环境条件发生适应性变化的所有过程，或者说是动物借助于个体生活经历和经验使自身的行为发生适应性变化的过程。

（二）有效学习的三大原则

1.目标原则

课堂管理应当有正确而明晰的目标，它为教学目标的实现提供保证，最终指向教学目标。为了有效地贯彻目标原则，教师在课堂上应当运用恰当的方式，让全体同学明了每堂课的教学目标，让师生双方都能明确共同努力和前进的方向。目标本身具有管理功能，直接影响和制约师生的课堂活动，能起积极的导向作用。并且，目标使学生成为积极的管理参与者，对于发挥学生自觉的求知热情，培养学生自我管理能力，也具有积极意义。

作为课堂管理者的教师，在课堂上所实施的一切管理措施，包括组织、协调、激励、评价等，都应当努力服务于设定的教学目标；课堂管理的成败得失，也应当以教学目标的实现作为衡量依据。有的教师忽视教学目标对课堂管理的制约作用，片面追求课堂管理的表面现象，如过分强调安静的气氛、一律的坐姿、划一的行动等等，而当这些管理要求脱离了教学目标之后，却可能成为窒息学生学习积极性、抑制思维发展的不良影响因素。实际上教师在课堂管理中主动激起师生之间、同学之间的各种内外"冲突"，比如分歧、争论等，或适度允许一些"出格"行为表现的存在，不仅不会影响课堂教学的成功进行，而且会促成教学目标的实现。因此，我们只有在目标原则的指导下，才能避免课堂管理的形式主义，创造出真正优化的课堂管理。

2. 激励原则

激励原则就是在课堂管理时，通过各种有效手段，最大限度地激起学生内在的学习积极性和求知热情。贯彻激励原则，首先要求教师在课堂上努力创设和谐愉悦的教学气氛，创造有利于学生思维、有利于教学顺利进行的民主空气，而不应把学生课堂上的紧张与畏惧看作管理能力强的表现。

激励原则还要求教师在课堂管理中发扬教学民主，鼓励学生主动发问、质询和讨论，让学生思维流程的浪花不断跳跃激荡；那种把课堂管理看成教师一统天下，不让学生的思维越过雷池半步的做法，不利于学生个性的充分发展。

当然，贯彻激励原则并不排除严格要求和必要的批评。有说服力的批评其实也是对学生的激励。我们应当正确运用激励手段；强化课堂管理，使学生更加主动积极地进行课堂学习。

3. 反馈原则

反馈原则运用信息反馈原理，对课堂管理进行主动而自觉的调节和修正，是反馈原则的基本思想。

课堂管理的具体要求和措施只有建立在班级学生思想、学习特点的基础上，才能具有针对性和有效性。这首先要求教师在教学工作的起始环节——备课过程中，认真调查教育对象的具体状况，分析研究必要的管理对策。我们发现在一般的备课过程中，对课堂管理的设计是普遍忽视的，致使作为必须参与教学过程的课堂管理缺乏明确的意识导向，从而在管理环节出现问题时措手不及，甚至影响教学进程或削弱教学效果。

课堂管理的反馈原则，还要求教师在课堂教学的过程中，不断运用即时信息来调整管理活动。由于课堂教学是在特定的时空内，面对着的是几十个活生生的学生，这是一个多因素彼此影响和制约的复杂动态过程，总可能出现各种偶发情况。因此，教师应当不断分析把握教学目标与课堂管理现状之间存在的偏差，运用自己的教学机智，因势利导，确定课堂管理的各种新指令，作用于全班同学，善于在变化的教学过程中寻求优化的管理对策，而不应拘泥于一成不变的管理方案。

（三）有效学习课堂教学的三大策略

1. 提高学习效率的教学策略——化难为易

化难为易，它能让学生学得多、学得快，具体有以下方法。

（1）化抽象为形象。

教师可以运用形象比喻使语言形象化，通过图像的直观性把课文所描写的景色所阐述的道理具体直观地呈现在学生面前，使他们获得生动的形象，还可以通过表演、演示、操作等动作使之形象化。

（2）化理论为实践。

它具有生活性、活动性、经验性。教师要将化学学习回归于生活中，在使用、应用中学习知识、积累经验，结合自己的经验去感悟理解。

（3）化未知为已知。

学生对新知识的学习是以旧知识为基础的，新知识可以在旧知识的基础上引申和发展起来，要么在旧知识的基础上增加新的内容，要么由旧知识重新组织或转化而成。所以利用旧知识学习新知识是最直接、最常用的教学策略。

（4）化复杂为简单。

教师要教简单的知识，要简单地教知识。而把复杂的教学做简单，要做到：教学目标要简要，教学内容要简约，教学过程要简洁，教学方式要简练，作业要简化。

2.增进学习结果的教学策略——化浅为深

（1）由结论到过程。

让学生学深、学透的第一要义就是要展示知识本身的产生和形成过程，同时也要让学生的思维卷入到知识的获得过程。

（2）由知识到问题。

教师应把知识转化成问题，让学生带着问题去阅读、思考、探究，并围绕问题进行交流、互动、研讨，这样就能引导学生把知识学深、学透。当然，问题要设计得有价值、有意义、有挑战性、有新颖性，使其能够有效引领和刺激学生的学习和思考。

（3）由已知到未知。

教学中要善于把学生从熟悉的地方引到陌生的地方，由已知引到未知，让学生处在陌生、未知的状态，以激发学生的思考。

（4）由传承到创新。

学习不仅仅是对课本知识的传承和接受，也是对课本知识的创新和质疑，这样的学习才会学得深、学得透。

（5）由依赖性的学到独立性的学。

教师要改变旧的课堂教学方式，变"我告诉你"为"我帮你忙，你自己去学"，这样，学生才能真正学会，学得深、学得透。

（6）由教知识内容到教思维方法。

以书本形式出现的知识，它的思维和智力价值是潜在的。教师在传授教材知识内容时，不能只停留在对教材表面的结论和说明的表述上，而是要进一步深入进去，挖掘和揭示这些表面结论和说明的产生与形成的思维过程，并在教学中引导学生的思维深入到知识的发现或再发现的过程中去。

3. 提升学习体验的教学策略——富有情趣

让学生越学越爱学、乐学的具体策略有很多，但这些策略一定有其共同的秘诀：富有情趣。情趣是快乐和幸福的源泉，让学生兴趣盎然地参与到教学中来，享受到学习的快乐，体验到发现的幸福，这是有效教学的动力源泉。

（1）教师要喜欢自己所教的学科，上课要投入。

这是让学生热爱学习的前提。

（2）挖掘学科知识的内在魅力，让学生对知识本身发生兴趣。

这是让学生热爱学习的核心。

（3）体验成功。

让学生在你所教的学科上获得成就感，这是让你的学生热爱学习的公开的秘密武器。

（4）重建课堂文化。

让学生在学习过程中有家的感觉（安全感），这是让你的学生热爱学习的吸铁石。

学生的有效学习离不开教师的教，而教师的教学水平在很大程度上取决于教师所具有的专业理念。从这个角度来说，学生的有效学习与教师专业理念的提升密切相关：学生的有效学习促进教师专业理念的提升，教师专业理念的提升保障了学生的有效学习。

二、树立正确的教育观

化学教师的教育观主要包括课程观、学习观、教学观以及评价观四个方面。

课程观：化学课程既要提高学生的智力品质，又要提高学生的非智力品质。化学课程不仅是让学生积累知识的过程，而且是引导学生"发现"和"创新"知识的过程；化学课程的目标不仅是使学生的认知得到发展，而且使学生的审美和价值观也得到发展。现代化学课程将"知识与技能、过程与方法、情感态度与价值观"三个方面目标的整合作为学科课程目标的共同框架。因此，化学教学不仅要促进学生智力品质的发展。使学生了解乃至掌握必要的化学知识技能，使他们从特定角度了解科学过程，了解科学、技术和社会的相互联系，学会解决一些化学问题，还要促进青少年的非智力品质的发展，要像"知时节"的春雨那样，将情感、态度、价值观的教育"随风潜入夜，润物细无声"，使他们形成正确的世界观、人生观和价值观，全面提高自身素质，更好地发展自己的个性来适应社会。

学习观：培养学生终身学习的愿望和能力，使学生热爱科学，乐于学习，学会学习。在"知识爆炸"的今天，人类已经进入了学习型社会，自主学习是未来社会成员的生存需要和基本生存方式，终身学习能力成了现代人生存能力的重要成分。面对迅速增长的知识，作为基础教育课程学科的化学必须努力培养学生终身学习的愿望和能力，为学生的可持续发展打好基础。为了使学生能更好地适应正在到来的学习化社会，化学教师不仅要注意培养学生学习化学的能力，使他们学会学习，学会应用化学知识，还必须注意培养他们学习化学的兴趣和热情，使他们热爱学习、乐于学习。

教学观：突出科学探究，把学生学习方式的转变放在重要的地位。课程标准把科学探究作为课程改革的突破口，科学探究将成为化学教学中的重要活动方式。培养学生的科学探究意识和科学探究能力，有利于学生学习方式的转变。积极开展科学探究活动，对于改变学生的学习方式和教师的教学模式具有重要意义。通过科学探究，可以使学生在获得化学知识和技能的同时，受到科学方法的训练，体验探究的乐趣，形成和发展探究能力。充分调动学生的探究积极性，培养和提高学生的探究兴趣尤为重要。教师要注重引导学生主动发现和提出问题，并进行积极的探究来解决问题。

评价观：注重多样化的学习评价方式。现代化学课程对评价提出了新的要求，它既包括在评价的价值取向、目的标准、功能任务上的重要转变，也包括评价手段和方式上的发展变化。首先，化学教师要注重多样化的学习评价方式。这一评价观既要重视对学生化学知识掌握情况的评价，更要重视对学生科学探究能力、情感态度与价值观等方面的评价。其次，评价的主体发生了变化，以前评价的主体只有教师，在现代化学课程中，评价的主体可以为教师，还可以为学生本人、同学及家长等。这样既重视教师及他人对学生学习状况进行评价，又重视学生个体的自我评价。最后，学生自我评价可以采用建立化学学习档案袋的方式，学生针对学习档案记录的内容进行自我反思和小结，有利于提高学习的主动性，使学生由学习的外在压力逐步转向内在的需要，从而有效提高学习质量。

与化学学科有关的社会实践活动能够使学生更多地接触社会，增强社会责任感，增进与他人的感情，发展和完善个体价值观。对学生的集体主义、爱国主义、团结友爱的精神等正确的思想和观念的形成能够产生潜移默化的影响，有利于学生健康成长和形成正确价值观。例如，通常溶液酸碱性的意义通过简单的文字、插图、多媒体的播放或教师的演示等方式呈现给学生，意图使价值观教育在感性认识中升华。但是效果往往并不理想，究其原因：一是教育的时间严重不足，在短短的 40 分钟或 45 分钟内要实现知识的传授、过程的体验、价值的提升几乎是不可能完成的任务；二是学生接受的刺激都来自教学的客体（课本、媒体、教师等），很难在大脑皮层留下深刻印象，浮光掠影式的学习过程难免流于形式。可见，如果教师没有树立正确的课程观，只注重培养学生的智力品质，往往会设计出流于表面的学习活动过程，那么学生就不可能进行有效学习，学习效果肯定不佳。

传统的教学效率，往往是指学生在相应的时间内学到多少化学知识，能够解决多少化学问题，这是从结果上来衡量的，而在现代化学课程的学习观中，强调结果与过程并重，强调学生的化学学习过程必须科学合理。"学习疑问，由浅入深"的理念实际上正是丰富学生化学学习过程的具体体现。也许，有人担心会影响教学进程，不能长期实行这样的学习活动。其实，在实际教学中，我们可以通过对无效教学过程的割舍来为疑问的不断深入提供时间和空间保证，只有如此，学生才会真正产生不同层次的疑问，由浅入深，真正实现有效学习。

化学实验是学生"求真"的实验田，是学生"向善"的舞台，也是学生"崇美"的基地，在培养"全面发展"的人、提升价值观水平方面有着其他教学内容和形式所不能代替的特殊作用。所以，在组织和引领学生开展有效学习的活动中，教师必须树立正确的教学观，突出科学探究，把学生学习方式的转变放在重要地位。比如，关于二氧化碳的收集方法，现有的国内教材无一例外地认为用向上排空气法，原因很简单，二氧化碳能溶于水。结果在学生的脑海中形成了思维定式：二氧化碳只能用向上排空气法收集。果真如此吗？有一次，在做中考模拟卷时，发现一道科学探究题，通过信息的处理，最终可以发现二氧化碳能用排水法收集，而且效果更好。这道探究题顿时触动了我，我立即到实验室做了对比探究，发现二氧化碳不仅能用排水法收集，而且收集速度更快。这种"反差"促使我进行教学反思：用排空气法收集是囿于习惯性思维而做出的一种想当然的推论，更是教师轻能力培养、重知识传授的错误教学观在作怪，过多地注重教材知识的讲解而完全照搬了教材内容，就不可能去分析是否有不妥的地方。我们忽视了二氧化碳的水溶解能力不大，没有考虑二氧化碳的溶解量有限，而且达到溶解平衡需要一定的时间等问题。

单元测试后，学生在自评时常会用没复习、不刻苦、粗心、看不懂题等来概括自己出错的原因，使小结流于形式。这样就不能及时诊断出自己到底存在哪些问题，如何补救就无从谈起了。这时，借助学生互评、家长评价、教师点评，就能较好地发现出现问题的真正原因。如果再借助档案袋评价和活动表现评价，就能更好地发现这些问题形成的过程，以便从源头上加以引导，更好地纠正存在的问题，促进学习的有效性。在促进学生有效学习的同时，教师在引导学生互评、家长评价、档案袋评价和活动表现评价的过程中，自身的专业理念也得到了提升，摆正了教师在评价过程中的位置，评价观更加合理，能更好地发现学生存在的问题，使教学更有针对性。

三、树立正确的学生观

学校教育必须树立终身发展的学生观，以发展的眼光对待学生，帮助学生建立完整的智能结构，树立开拓创新意识，促进学生健康、稳定、持续发展。现代化学课程的教育宗旨和核心是"一切为了每一位学生的发展"，化学教师应该摒弃陈旧的、不符合现代教育要求的学生观，树立适合 21 世纪教育发展的学生观。新的学生观要求教师把学生看作独特的、发展的、能发挥主体性的人。树立正确的学生观必须确立以下观念。

（一）学生是独特的人

第一，学生是完整的人。学生并不是单纯的、抽象的学习者，而是有着丰富个性的完整的人。学习过程并不是单纯的知识接受或技能训练，而是伴随着交往、创造、追求、选择、意志努力、喜怒哀乐等的综合过程，是学生整个内心世界的全面参与。如果不从人的整体性上来理解和对待学生，教育措施就容易脱离学生实际，教育活动也难以取得预期效果。第二，每个学生都有自身的独特性。每个人由于遗传素质、社会环境、家庭条件和生活经历的不同而形成了个人独特的心理世界，他们在兴趣、爱好、动机、气质、性格、智能和特长等方面各不相同。独特性是个性的本质特征，珍视学生的独特性和培养具有独特个性的人，应成为我们对待学生的基本态度。独特性也意味着差异性，差异不仅是教育的基础，也是学生发展的前提，应视之为一种财富而珍惜开发，使每个学生在原有的基础之上都得到完全、自由发展。第三，学生与成人之间存在着巨大的差异。学生和成人之间是存在很大差别的，学生的观察、思考、选择和体验都和成人有着明显的不同。而在传统教学中，人们要么把学生视为没有思想的白板，要么视为和成人没有区别的"小大人"，这些忽视学生独特性的观点是不正确的。每个学生都是完整的具有独特个性的人，学生群体同样具有内在的独特性，教师只有充分认识到这一点，才能结合化学学科知识培养出具有独立个性的新人。

（二）学生是发展的人

第一，学生的身心发展是有规律的。根据生理学、心理学的观点，学生身心发展是有规律性的，不同年龄阶段的学生有不同的年龄特征，具有相对稳定性及可变性。中学时期是一个人的生理、心理发育和形成的关键时期，是一个人从不成熟到基本成熟、从不定型到基本定型的成长发育时期，也是一个人生长发育特别旺盛的时期。对于中学生来说，他们身心的各个方面都潜藏着极大的发展可能性，在他们身心发展过程中所展现出的各种特征都还处在变化之中，有极大的可塑性。第二，学生具有巨大的发展潜能。虽然中学生的身心处于发展阶段，但中学生的思维是非常活跃的，是思维能力发展最快的阶段之一，是激发创造性的最佳时机之一。中学生没有成年人的众多思维定式，他们敢想、敢做，有较强的冒险意识，有抗拒常规的精神，这是青少年突出的心理特征。因此，中学生比成年人更具有创新的勇气，更具有创新的意识，更具有发展的潜能。基于此，化学教育应该将激发学生的创新意识，挖掘学生的发展潜能，培养学生的创新人格当作重要的教育目标。第三，学生是处于发展过程中的人。在学生阶段，他们是不成熟的个体，是正在成长的个体，学生身心发展的不完善与不平衡是发展过程中的必然现象。因此，在学生身上存在这样或那样的问题是在所难免的，教师对学生一方面不能求全责备，要正确地对待学生身上存在的问题，另一方面要用发展的眼光看待学生成长过程中出现的种种问题，而不能用静态的思维方式看待发展中的学生。

（三）学生是能发挥主体性的人

第一，每个学生都是独立于教师的头脑之外、不以教师的意志为转移的客观存在，不是教师想让学生怎么样学生就会怎么样。教师要想使学生接受自己的教导，首先就要把学生当作不以自己的意志为转移的客观存在，当作具有独立性的人来看待，使自己的教育和教学适应他们的情况、条件、要求和思想认识的发展规律。第二，学生是学习的主体。正如每个人都只能用自己的器官吸收物质的营养一样，每个学生也只能用自己的"器官"吸收精神营养，这是别人不能代替，也不能改变的。教师不可能代替学生读书，代替学生感知，代替学生观察、分析、思考，代替学生明白任何一个道理和掌握任何一条规律。教师只能让学生自己读书，自己感受事物，自己观察、分析、思考，从而使他们明白事理，掌握事物发展变化的规律。第三，学生是责权的主体。在学习过程中，突出表现在：学生觉得自己能看懂的书，就不想再听别人多讲；感到自己能明白的事理，就不喜欢别人再反复啰唆；相信自己能想出解答的问题，就不愿再叫别人提示；认为自己会做的事，就不愿再让别人帮助。实际上，学生在学校的整个学习过程也就是一个争取独立和日益独立的过程。当前，教师不仅要在观念上不反对学生的主体性，还要在实际教学中把学生作为真正的主体来对待。

总之，树立正确的学生观就是要尊重学生的差异性、个性，相信每个学生内在的潜能。教育活动是学校教育的实现方式，它是沟通教育理想"此岸"和学生发展"彼岸"的具有转换功能的"桥"，是师生学校生活的核心构成。教师作为教育活动的策划者、承担者、指导者和评价者，必须围绕活动的目的与任务，充分尊重学生的独立人格，保证学生的主体地位，调动其积极性、主动性和创造性，通过灵活多变的措施和策略，分类、分层实施教育，使之各尽其能、人尽其才，从而为学生学习与创造等提供可能、创设条件，使学生在活动中得到多方面的满足和发展，增强独立发现问题、解决问题的综合能力。

在化学课堂教学中要实施个性化的教学，就是以学生的个体差异为依据，运用个性化的教学方法、策略和技术，促使每一个学生都能找到适合自己个性、才能发展的独特领域。如果教师的专业理念比较落后，就不会考虑学生的个性差异，就会脱离学生的实际，尽管有统一的进度，但教学目标却难以达到。可见，要实现学生的有效学习，教师就必须提升专业理念，树立正确的学生观，明确学生是独特的人，倡导个性化学习。教师首先要深入调查研究，全面了解学生情况，既要了解学生的一般特点，又要了解学生的个性差异，还要分析研究造成家庭、社会、历史差异的各种原因，以便在教学过程中针对不同基础的学生采取不同的方法、达到不同的目的。对于有特殊兴趣和才能的学生，教师应积极为他们开辟创造性的学习途径，如组织课外化学兴趣小组和"金钥匙"等一些竞赛活动，多给学生提供表现自我的机会；对于学习能力比较弱的学生，要针对学生的不同情况采取不同措施进行个别辅导，使基础薄弱的学生都能得到相应的发展和提高。

1. 宽容地对待学生，营造宽松的学习氛围

学生是发展的人，教师要用润物细无声的教导代替简单的说教与批评，要动之以情、晓之以理。简单、粗暴的教育方法只能产生适得其反的效果，甚至会造成学生心灵上永久的创伤。教师的角色决定了教师对学生应该采用宽容的态度，宽容是一种理解，宽容是一种期待，宽容体现的是非权势的教育思想。但是，宽容不是放任，宽容与严格要求并不矛盾。在行为规范面前必须人人平等，必须严格要求。教师对学生的过错应该采用"改正既往不咎，方式不存偏见"的教育方法。对学生犯的错误要就事论事，避免用概念化的定义评价学生，如学困生、不听话的学生、顽皮捣蛋的学生等，不能因为学生犯了这样或那样的错误就排斥他、冷落他，因为行为习惯差或学业基础弱的学生，其内心深处也有向上的东西，也有闪光的优点。因此，只有宽容地对待学生，才能营造出一个宽松的学习氛围，创造一个自然、和谐、平等的学习环境。在这样的环境中，有利于消除课堂上过分拘谨的场面，有利于缩短师生之间的感情距离，有利于学生的潜能发展。在这种氛围里，学生能勇于发现问题，敢于提出问题，渴望解决问题，他们的创新意识自然而然地就得到了培养。

2. 合理地重塑知识，体验科学的发现过程

教师可以借助现代教学方法和手段，吸收和引进与现代生产、生活、科技等密切相关的问题，对现有的教学内容进行开发和挖掘来重塑知识的呈现过程，赋予知识新的活力，以便将科学发现过程简捷地重演于课堂，让学生参与发现、探索、研究的过程，并在这个过程中激发他们对发现和创造的乐趣，特别是培养学生动手做实验以及设计实验的能力，指导他们动手、动脑，让学生体验发现和创造的乐趣，从而使学生自行获取和运用知识，

享受创造成功的快乐，最终达到培养学生创新能力的目标。

教师在引导学生自主建构知识来发挥学生主体性的过程中，也促进了教师专业理念的提升。因为在学生自主建构的学习活动中，教师逐渐变成学生自主建构学习的辅导者、组织者、引导者。首先，教师不仅要在学习内容方面辅导学生，而且要在自主建构知识的方法技能方面指导学生。其次，教师要组织好学生的学习活动，自主建构的学习模式强调师生互动、生生互动，但由于学生具有思想活跃、好动，自律性、自控能力不强等特点，需要教师组织好学习秩序，以确保学生的探索主题不偏离轨道，使学生的自主学习向着既定目标有条不紊地进行。

最后，教师要不断激发学生的学习动机，为学生提供支架，一步步地逼近"最近发展区"。教师要学会接纳学生、欣赏学生，当学生取得哪怕是很微小的进步时，教师也要进行适当表扬，让学生在平等、民主、合作的氛围中分享成功的快乐。自主建构的学习活动，既要考虑学习交流与交往的多向互动，又要防止放任自流，所以教师要提高自我监控与监控学生的能力，能宏观调控学习进程，还要像心理学家一样，准确判断学生的思维活动，并进行随机应变的辅导。

四、树立正确的教师观

所谓教师观，即教师的教育观念，是教师对教育职业的特点、责任、教师的角色以及科学履行职责所必须具备的基本素质等方面的认识。它直接影响着教师的判断，进而影响教师教学行为。教师树立正确的教师观，才能在课堂上引领和指导学生进行有效的学习和发展。

随着社会、时代和教育自身的不断发展，化学教师专业素养的内涵也随之发展。不同时代的教育目的和要求不同，对培养人才的质量和规格要求也不相同，相应地对化学教师的要求也有不同。在课程改革理念下，教师的职责与角色已经发生了质的变化，新时期的教师不再是教书匠，而应该是化学课程标准的执行者和实践者，化学学科教学的反思者和革新者，校本化学课程的设计者和化学教育资源的开发者，化学"三类课程"的协调者和管理者及现代化学课程的研究者。这些角色的变化对教师所必须具备的专业素养提出了更新、更高的要求。之前，化学教师只要具备了一定的学科专业知识、教育理论方面的知识和教材教法的知识，就能胜任教学的要求，实现化学的教育目标。而现代化学课程理念下的化学教师，仅仅具备学科知识和相应的能力是远远不够的，还要求他们必须具有关于青少年发展与教育方面的理论和实践知识及正确、先进的教育理念、课程观念、新型的师生观念；具备一定的教育实践能力，包括教学组织能力、教学反思能力及对学生的指导能力；具备一定的人文素养和教育教学科研能力，能够不断反思自己的实践并将反思结果用于新的实践，从而发展学科专业理论及教育教学理论；最后还要具备终身学习的意识和能力等。这些都是新时期对化学教师专业素养发展的新要求。只有具备了这样的专业素养，才能实现现代化学课程的目标，才能适应社会和时代对人的发展的新要求，才能促进化学教师自己的专业化发展，才能更好地促进学生的有效练习。下面主要从教师如何通过专业理念的提升，成为学生学习过程中的组织者、引导者和促进者，以促进学生有效学习的发展展开讨论。

　　学生的有效学习也要求教师提升自己的专业理念，树立正确的教师观，能够跟上时代的步伐，不断地充实教材，成为学习资源的开发者，让学生能够在更具吸引力的学习活动中获取知识，提高学习效率。那么，教师如何开发资源呢？这就必须从研究教材做起。首先，抛开教辅材料，潜心会文，反复诵读，细察深思，形成自己对教材、课题独到的认识。其次，在深入理解教材后，还要从中跳出来，要在更为广阔的背景上去审视眼前独立的教材。在此基础上分三步进行教材重组：第一步，调整教材。即保持教材的总量不变，只是变换教材中各个教学单元的顺序。第二步，整合教材。即将教材中各个知识点综合起来，使各个知识点之间相互照应，融合为新的主题。第三步，解读教材。即教师引导学生尽量解释和发掘教材背后的意义，或者以怀疑、批判的方式使原有的教材显露另外的意义。最后，凭借教师自身的丰富经历，大量地提供补充材料，用新的教材内容替换所有或绝大部分教材的内容。如果教师在学生学习之前已经积累了丰富的学习资源，并围绕某个学习主题给学生提供相关的材料，那么教师就能成为一个高明的组织者来促进学生的有效学习。

　　第一，自主学习，了解教学方法。教师可以根据自己的教学特色，购买一些相应的教学方法的辅导资料，通过自主学习，明确新教学方法的理论基础，知道其优越性、局限性，掌握其基本模式、基本教学程序、课堂教学结构等，与自己平时常采用的教学方法比较，取其精华。

　　第二，观摩课例，领悟教学方法。购买或下载自己已经十分了解的新教学方法的课堂教学课例的录像带或光盘，反复观看，领悟其教学方法。

　　第三，课堂教学，尝试教学方法。学习、观摩的目的就是为了在课堂教学中应用。在化学教学中，教师可以结合自己教学方法的特色，反复尝试新教学方法，以改进自己的教学方法。尽力创设适合学生主动学习的氛围，增加学习过程的生动性和趣味性，为学生提供自主学习的机会，增加动手操作的内容，增加知识获取过程的体验，提高自主获取知识的兴趣和能力。

　　第四，专家引领，点拨教学方法。每年化学教育学会或各市、区（县）的教研中心都会请一些专家来指导教学，或举办专题讲座，或网络培训。教师要珍惜这样的机会，听讲座时认真做笔记、积极思考；网络培训时，把自学时、观看课例时、课堂教学中自己的体会、困惑等一一向专家请教、探讨，经过专家的点拨，教师对新教学方法的把握会更好。

　　第五，听课评课，交流教学方法。平时教师应珍惜校内、校外听公共课的机会，积极参加听评课活动。听相关执教教师课后的介绍，重点了解新教学方法的应用情况；听教师评课，共同探讨对新教学方法应用中的体会和疑难。通过交流，可以快速提高对新教学方法的认识。

　　第六，总结反思，深化教学方法。课后，教师要写教学反思，认真反思每一个环节，根据学习反馈分析是否达到学习目标，还存在哪些可以改进的地方。要不断总结经验和教训，以深化自己对新教学方法的领悟，尤其要做好课后学习评价工作，以便了解真实情况，为后续的改进打下坚实的基础。

第二节　学生有效学习与教师师德的养成

师德，是教师职业道德的简称，指的就是教师从事教育过程时必须遵循的行为规范和必备的品德，它规定了教师在教育过程中应以什么样的思想、感情、态度、行为、作风去待人接物、处理问题、教好学生，为社会尽职。一个人一生中最重要且对以后的人生发展起决定性作用的时期是学生时代，而这一时期对其影响最大的莫过于教师，人们都知道"教师是人类灵魂的工程师"，如果教师本身没有高尚的灵魂，怎样去培养学生呢？今天，全面推进素质教育，教师的素质就是关键因素。教师的观念意识、品德情操、心理性格、价值取向和文化修养对学生具有潜移默化的影响作用。教师如果能够始终如一地注意自己的品德，对学生加以示范和引导，就会有力促进学生正确道德观的形成。学生的有效学习离不开教师的教，而教师的教学水平如何在很大程度上取决于教师所具有的师德水平。从这个角度来说，学生的有效学习与教师师德的提升密切相关：学生的有效学习促进教师师德的提升，教师的师德提升保障了学生的有效学习。

一、养成良好的个人修养

学生每一次的学习过程都是教师与学生生命活动的一部分，也是自我生命价值和自我发展的体现，学习过程对教师、学生都具有个体生命意义。教师的个人修养主要体现在爱心、表率与自我发展。教师要热爱所教的学科，在教学中进行情感传递，将自己对学科的探索和追求的精神、热忱和感受随着学习内容一道带给学生，以激起学生情感上的涟漪和引起学生的共鸣。要提高学生学习的有效性，对教师的个人修养要求就更高了。教师依托较高的人文修养，能把握社会发展趋势，勇于接受新事物；能汲取传统文化的精华，拥有取之不尽的教育资源；不仅能使学生获得某种自然、社会和思维领域的规律性知识，而且还可以给学生以人文方面的启迪和美的享受。可见，教师个人修养的提升能进一步保障学生的有效学习。在促进学生有效学习的过程中，教师也获得了成长，变得更加自主、自尊、自信、自豪，个人修养也获得更好的发展。

热爱教育，是教师个人修养的基本要求。"兴趣是最好的动力，爱好是事业成功的前提条件"。从事自己不感兴趣的工作是一件非常痛苦的事情。要想成为一名合格的人民教师，首先必须非常热爱教育事业，热爱教师职业，这样才能满腔热情地投入这项充满艰辛的伟大事业中去。教师的个人修养，首先，体现在热爱教育事业上。这就需要教师去敬业、乐业，并在敬业、乐业中获得人生乐趣。敬业是教师对自己所从事的工作发自内心的热爱和崇敬，我们应该对教师职业有清晰而独特的认识，怀有强烈的责任感，只有这样，才能树立起坚定的专业信念。敬业还需乐业，乐业就是教师对自己的工作始终充满兴趣，乐之不倦，无怨无悔。为了教育事业能够不为物所欲、不为名所动，做到淡泊明志、宁静致远。为了党的教育事业，不计较个人得失，在教育的百花园中辛勤耕耘，坚持在三尺讲台上发光、发热，为每一位学生的健康成长尽心尽力、尽职尽责。其次，体现在热爱自己的专业上。教师只有热爱自己所学、所教的专业，才能有精神和动力去不遗余力地学习、钻研、创新，及时地去了解相关学术前沿，才能做到学有所长，也才能使学生心悦诚服，学得尽善尽美、舒畅自如。最后，体现在热爱所教的学生上，即所谓"师爱"。师爱是教育的提前，没有爱就没有教育。教师要有一颗博大的爱心，在爱心的鞭策下，教师才能做到不计个人得失，把自己的青春，甚至生命献给教育事业，把自己的感情和爱心献给学生，才能在爱心的奉献中感受快乐和幸福。

为人师表，是教师个人修养的最好体现。我国古代教育家孔子说："其身正，不令而行；其身不正，虽令不从。"为人师表要求教师言行一致，表里如一，身教重于言传。首先，化学学科的特点决定在化学实验中要为人师表。化学学科的形成和发展，起源于实验又依赖于实验，化学是一门以实验为基础的科学。化学实验教学不仅能激发学生学习化学的兴趣，帮助学生形成化学概念、获得化学知识和实验技能，而且可以培养学生的责任心、事业心、进取心，养成诚实、谦虚的美德。要完成以上道德品质的培养，就要求化学教师在实验教学中为人师表。教师的操作一定要规范、准确、无误，万一有实验失败，教师要沉着冷静，以实事求是的态度对待。其次，为人师表要求教师语言规范。课堂教学主要通过语言来完成，教师的教学效果很大程度上取决于他的语言表达能力，这就给教师的语言修养提出了很高的要求。教师课堂语言文明、规范，对学生锻炼美的语言，塑造美的人格起到潜移默化的作用。最后，为人师表要求教师板书工整。板书工整不仅是教师工作的需要，而且能起到潜移默化的陶冶情操的作用，特别是化学课堂的板书，会出现许多的化学式、化学方程式、图形等，如果教师板书随意，就会给学生一个不良的示范作用。

治学严谨，是教师个人修养的积极态度。治学严谨是指教学、治学的认真态度。一堂课下来，是否全体学生都学有所得，是否达到预期目标，关键在于教师所教授知识是否准确、科学和教学过程是否运用了适当的教学手段。首先，治学严谨的要求驱使教师以强烈的责任感认真备课，潜心钻研，选择最佳的教学方式和方法，运用最适当的教学手段。现代教育着眼于未来，培养的是综合型、高素质的人才，要教学生学会求知、学会创造、学会发展。如果教师一味沿用一成不变的教学方式，必然会被社会淘汰，所以就要求教师要更新观念，围绕培养学生能力，教给学生方法，发挥学生学习自主性等方面入手，突破原有僵化、呆滞的教学模式。其次，治学严谨还要求教师坚持终生学习，更新知识结构。终身学习是不断造就人、不断扩展其知识和才能以及不断培养其判断能力的过程。化学是一门基础的自然科学，当今世界面临的许多重大问题都与化学学科有直接关系，如环保学科将成为21世纪的"中心"学科，处于信息时代和知识经济时代的现代社会，随着科技的高速发展，化学知识更新更快，新的知识层出不穷，而学生获得知识的途径也大大拓宽。这对化学教师的知识面提出了更高要求，化学教师必须长期坚持以教学为主线进行博览，经常查阅各种书刊资料，并注重学习、了解现代化学学科发展动态，随时学习新知识、更新旧知识，不断深入研究化学课堂教学理念、方式、方法。最后，治学严谨还要求教师坦然正视教师不再具有权威性的现实。随着信息不断发展，学生获得知识的途径和方式大大拓宽，教师原来的权威性面临着前所未有的挑战。对于学生提出的自己一时解决不了的问题，应采取积极肯定与鼓励的态度，并和学生一起去探求问题的答案，使学生萌发的创新意识进一步得到发展。现代信息社会中学生获得信息的途径大大拓宽，对学生提出的各种问题的褒贬态度和处理教学过程中出现的突发问题的态度，不仅反映出教师驾驭课堂的能力，还体现了教师实事求是、追求真理的优良师德，会使学生对教师产生敬佩和信任感。

学生的有效学习又促使教师用自身热爱教育之心去唤醒学生热爱学习之心，用心营造、发现和激发学生心理与思维的兴奋点，让学生乐学。在学习过程中，可以尝试以下几种方式。一是用恰当的肢体动作和表情为课堂营造一种身临其境、有张有弛的学习气氛，抓住学生想超越老师的心理特点而使用故意漏疑法。比如，在学习一些概念时，教师故意漏下一些概念不讲，让学生对所讲的内容进行质疑。学生跃跃欲试，使知识在快乐的气氛中钻入脑子。二是用幽默、富有个性化的语言激发学生思维的兴奋点。如在学习酸碱盐的溶解性表时，我提到硫酸盐中特有"个性"的两种盐。"个性"一词一出，学生都瞪大眼，竖起耳朵认真听"个性"在哪儿。结果硫酸银和硫酸钙微溶于水的特殊性就钻到脑子中去了。三是用抛砖引玉法激发学生的兴奋点。如在学习测定空气中氧气含量时，引导学生分析课本的实验原理，是把空气中的氧气通过物质消耗而除去，从而测体积差。进一步追问：还有什么方法？这个问题太大、太广，于是抛出一个"砖坯"：能否利用课本原理，采用其他装置或其他想法，把氧气"拿"出来？这样学生的思维兴奋点被激活了，小组讨论非常热烈，也非常成功。四是采用欲擒故纵法激发兴奋点。就是把学生的缺点、错误放大、强化，让学生都看到、意识到，形成典型的反面教材。五是作业签名留言法，结合学生喜欢仿效明星签名留言的特点，每次作业都要求同桌或小组长检查签名、写评语，批改时再进行适当评价，让学生以兴奋、期待的心情去接受并完成作业。

教师若平时不注重实验教学，就不可能发现问题，也不可能让学生去发现问题，白白浪费教育的好时机。如果教师要引导学生的开放性思维，就必须努力给自己装上开放性思维的翅膀，平时充分学习和汲取其他教师有益的教学方法，为人师表，不断提高自身修养，这才是正确的应对方法。例如，在听一节关于"燃烧与灭火"的实验设计观摩课时，关于"燃烧条件"的实验演示：热水中白磷燃烧的操作，整个过程最受关注的就是那粒白磷的"命运"，氧气是如何运输进去的？有的教师直接向里面吹气，但由于气流的原因，水中的白磷四处游走，而且容易浮上水面而燃烧，这样的结果容易给学生一种误导：水火不相容，白磷要燃烧只有离开水。那么，如何避免这种误导的产生呢？该教师采用的方法是：用过氧化氢和二氧化锰在带分液漏斗的锥形瓶中反应来制取氧气，将产生的氧气沿导气管直接通入水中，但实验中的气流还是将白磷送上了水面，效果还是不理想。过后，教师对该问题进行研讨，最终设计出了一种简单易行且效果较好的方案：用一支大试管倒扣直立于水中，试管口一定要把白磷恰好罩住，此时会很清楚地看到白磷在试管里面的水中燃烧的现象。教师的这种对实验教学的实事求是、严肃认真和力求完善的工作态度对学生的影响是任何教科书、任何惩罚和奖励制度都不能代替的一种教育力量。教师的为人师表、以身作则，能让学生获得一种知识，更能让学生拥有一种精神、一种立场、一种态度、一种不懈的追求，最终促进学生的有效学习。

除了在化学实验教学中要求教师实事求是、严肃认真和力求完善外，还要求教师在教学过程中语言规范和板书工整。为了促进学生的有效学习，化学教师就必须以身作则，进一步磨炼自己的教学语言技巧。一是要语音准确，发音标准，吐字清楚，能正确表达概念和定理；二是要语言科学，符合学科术语，表述清楚；三是语言要有艺术性，切忌语言粗俗，如给学生起不雅的外号、用讽刺挖苦的语言伤害学生的心灵等。为了能让学生学好化学，教师还必须带头规范使用化学用语，如化学式、化学方程式、图形等。化学教师无论是绘制图表、讲解例题，还是随机板书，都要求清晰干净、字迹工整，给学生以示范作用，同时也能起到潜移默化的陶冶情操的作用。

在组织和引领学生开展有效学习的活动中，教师必须具备良好的个人修养，严谨治学，才能促进师生的共同进步，这样的学习过程才是有效的。

学生的有效学习向教师提出了更高的要求，反过来也促进了教师个人修养的提升，严谨治学，让师生共同进步。因为教育是培养人的工作，这种工作尤其需要有高度的负责精神。教育上的失误，不能像工人制造产品一样可以重来。教育上的失误往往给学生以长久的影响，有时甚至会在其一生中留下印记。要避免教育上的失误，促进学生的有效学习，教师就必须严谨治学。我们已经步入高科技的知识经济时代，随着知识的极速膨胀和教学工具的先进化，教师要跟上时代的发展，就必须大胆开拓创新教学思维和方法，大胆、灵活地采取多种多样的教学方法，充分发挥多媒体教学的功能，利用丰富的网络学习资源让课堂更加生动形象起来。在这样的学习氛围中，学生才能真正开展有效的学习。

二、形成对待学生的正确态度与行为

学习过程是师生互动过程，教师对待学生的态度和行为往往主导着课堂的气氛。比如，在课堂上，教师的言语、表情、手势和体态等，既可以使课堂气氛积极活跃、协调融洽，也可以使课堂气氛拘谨刻板、冷漠紧张；教师有气无力，学生往往也就无精打采。教师对待学生的态度和行为必然会给课堂气氛带上某种色彩，不同的态度和行为会形成不同的课堂气氛。这种"气氛区"一旦形成，往往能保持相当一段时间，甚至不同教师不同的课堂活动、同一教师不同的课堂活动都可能被同样的"气氛区"所笼罩。所以，教师要形成对待学生的正确态度与行为，这样才能促进学生有效的学习，才能使学生成为一个天赋能力得以充分发展的人，一个真正完整的、个性和谐的人。

尊重学生的个性化学习。个性化学习是以受教育者的个性差异为重要依据的，旨在让每一个学生都找到自己个性才能发展的独特领域或特点；让学生生动活泼、健康主动地发展自我个性，成为具有独特个性的创造型人才，以适应时代的需要。化学是一门初三年级才开设的基础学科，每个学生的知识背景不同，思考问题的方式也可能不同，他们对同一个问题的认识角度和认识水平也存在差异。在化学课堂教学中要实施个性化学习，就是以学生的个性差异为依据，运用个性化的教学方法、策略和技术，促使每一个学生都能找到适合自己个性才能发展的独特领域。首先，要根据学生个性制定差异性学习目标。教师要围绕学生基本素质的提高、个性的充分发展和潜能的有效开发制定合理目标，根据学生个体的情绪、兴趣、思维、意识等方面的差异，准确把握教材，制定出适合本节课各层次学生的多元的、有差异的、具体可行的目标及学习方法。其次，要优化学习过程，为学生提供个性发展的机会。任务驱动式学习模式就是一种很有效的学习模式。这种模式是以任务驱动为主线、以学生为主体、以教师为主导的一整套学习新模式。教师提出一个问题，学生通过对学习资源积极主动运用，并依据已有的知识经验做出与问题相关的推测，制定解决问题的方案，然后进行探究，查阅资料，收集证据，通过分析、归纳推理和论证，证实、修正或否定自己的猜测，得出合理的结论和问题的答案。这种"先结果，后过程"的学习模式是将学生需要掌握的知识和能力用任务的形式展示给学生，然后引导学生思考任务的结构，分析任务，学习新的知识点并应用新的知识点去完成任务，激发学生学习的主动性和积极性，并增加学习过程的趣味性。在这种学习模式中，能为学生创设各种学习情境，让学生大胆、主动提出解决问题的方法，让学生以适合自己的认知方式投入到学习活动中去，让学生大胆将自己的思维过程展示出来，从而使他们的创造潜能得到最大限度发展。最后，加强过程与结果评价，激励学生进步。采用建立化学学习档案的方式，加强自我评价；进行活动表现评价，关注学生探究能力和情感态度；纸笔测验评价，注重考核学生解决实际问题的能力；评价结果采用分数、等级和评语相结合的方式。另外，对学生的评价要注重个性化。对学困生要选择适当的问题让他们回答和表现，通过不断寻找其闪光点，肯定他们的点滴进步，调动他们学习的积极性；对待优生要既揭示不足又要指明努力的方向，要对他们及时关注和评价，这样会让他们更有自信；对学优生要采用竞争性评价，坚持高标准、严要求，促使他们更加严谨、谦虚，不断超越自己。

平等对待学生。在日常的教育中，我们常见到这样有趣的现象：两个同样犯错误的同学被叫到老师的办公室。过了片刻，两个人走出了办公室，一个同学喜笑颜开，而另一个同学则垂头丧气。这是怎么回事呢？为什么老师对待犯同样错误的学优生和学困生的态度不一样呢？时间久了，会对学生带来不良影响，给学生造成一种不公平的心理态势。这样不仅让师生之间产生不和谐的影响，甚至也会在学优生和学困生之间产生尖锐的矛盾。作为一名教师，应该平等对待每一名学生，只有这样，才能促进学生的有效学习，使学生全面发展。

信任学生的学习能力。学生本身就具备安排和控制自己学习的能力，如针对不同的学习任务选择不同学习方法的能力，对学习过程进行监控的能力，对学习结果进行评估的能力等。当然，学生的这种能力还需要后天的培养才能不断得以提升，否则会出现萎缩甚至会丧失这种学习的能力。因此，在化学学习过程中，要特别注重培养学生积极主动的学习态度，关注学生的学习兴趣，倡导学生主动参与，注重培养学生的独立性和主动性，促进学生主动地、富有个性地学习。首先，要保护学生的好奇心，培养质疑精神。好奇心是人的天性，可是在传统的学习模式中，教师经常无意识地扼杀了学生的好奇心，这会直接影响到学生的学习兴趣和学习能力的提升。学生刚接触化学时一定充满了好奇。化学课上会学到一些新的元素化合物知识和理论，它不但承担起对学生心中原有问题解释的作用，更应该让学生产生新的困惑和探究欲望，驱使学生积极思考，不断提出问题，激发学生学习的兴趣。受好奇心的驱使，学生会问许多稀奇古怪的问题，教师应该给予重视和鼓励，不能阻止学生的"好问"，不能讽刺和贬低学生的"怪问"。教师不仅要培养和表扬学生的勤于提问，而且还要创造情境，引导学生敢于提问甚至善于提问，这样从根本上保护了学生的好奇心。其次，转变角色，促进自主学习。传统的学习过程中，教师与学生处在"主角——配角"的关系中，学生被教师主宰着，学习活动是一种被动行为。在被动的前提下，学生只会接受，不会自主，不会创新，这种学习属于低效的学习。

现代学习论认为，学生不仅是教学的对象，而且是学习的主体，是整个学习过程的主人。学生的种种能力不是单纯的"教"就能培养出来的，教师给学生的知识毕竟是有限的，大量的知识还要靠学生自主去学习、掌握，大量在社会实践中遇到的问题，要靠学生自己去分析、解决。教师要成为学生学习的促进者，而不是主宰者。教师要为学生创造宽松、民主和谐的课堂学习环境，要同学生一起参与学习的全过程，并保证学生自主探究的时间和空间，让学生积极参与，合作学习，自主探究，在参与中表现；要处处设疑，形成认识冲突，刺激求知欲望。要及时内化，通过自学、讨论及教师适当的引导，完成认知冲突，掌握新知；要反馈练习，对掌握的新知进行巩固练习，并不断提高、拓展。最后，要注重对学生的评价，获得成功的体验。学生的学习能力不是天生就有的，它需要教师给予适时指导，给予一定评价，让学生在自由的环境、合理的空间充分发挥主体性，不断在成功的体验中提升自己的学习能力。为了让每个学生都能获得成功的体验，评价时更应将目光放到学生在学习过程中情感、态度和价值观的发展上。学生学习能力的提升，必将促使学生的自主性、能动性、独立性和创造性得到发展，学生不仅成为学习的主人，而且成为生活的主人，成为独立的积极参与社会的有责任感的人。

学生的有效学习也会促进教师进一步形成对待学生的正确态度与行为，平等对待每一个学生。我们不仅要爱那些天赋较好的学生，也要给那些缺少天赋而自卑的学生以理解和尊重，要处处关心他们，多和他们谈心，多倾听他们的心声。和优秀生相比，学困生并不是一无是处，如果经常深入班级，细心观察就不难发现，每个学困生的身上都有闪光的地方，都有可爱之处。学生是发展中的人，有较大的可塑性和矫正的可能性，要促进这些学困生进行有效学习，教师就必须努力寻找并及时发现学困生身上的闪光点，尊重爱护这些学困生，给他们一种向上的动力，使他们潜在的能力得到充分释放，促使学困生向积极方向转化。

同样，学生的有效学习也会促进教师进一步形成对待学生的正确态度与行为，更加信任学生的学习能力。例如，在学习过程中，经常会遇到很多学生好奇的提问，如果信任了学生的学习能力，我们就不会觉得这些是"怪问"，仔细分析一下就会发现其中蕴含着化学原理。如为什么物质在氧气中点燃时有的有火焰，有的却没有？这就涉及气体和固体燃烧的不同现象。二氧化碳通入澄清石灰水生成碳酸钙和水，为什么碳酸钙和水不能反应生成氢氧化钙和二氧化碳？这涉及化学中的可逆反应。例如，有关"燃烧"一节课的设计，就应该充分信任学生，让学生从简单到复杂，不断学习，不断深化对燃烧的认识。从可燃物燃烧的两个条件开始，从燃烧需要氧气到镁在二氧化碳中燃烧不需要氧气，从燃烧产物单一到木炭燃烧产物有两种，直至可燃物燃烧产物的预测，最终通过巩固练习和总结，不断构建认知冲突，思维不断深化。再如，金属与酸的反应速度究竟与哪些因素有关？对于这种复杂问题的研究，通过学生的合作学习也能完成。课堂上教师首先让学生猜测：可能与金属活动性强弱、与酸的浓度、溶液温度等有关。然后分成了几个小组，采取控制变量法进行分组实验。最后，让学生汇报研究成果，并将各组实验结果填写在黑板上，最终得出综合性结论。这样的探究活动让学生感到团队合作精神、成果共享的重要性，如果有了团队合作就可以大大节省时间，得出的结论也更科学。同时，队员间的互相鼓励、互相信任有力地促进了自主学习的开展。

三、形成正确的教育教学态度和行为

改变课程实施过于强调接受学习、死记硬背、机械训练的现状，倡导学生主动参与、乐于探究、勤于动手，培养学生搜集和处理信息能力、获取新知识的能力、分析和解决问题的能力以及交流与合作的能力。因此，在现代化学学习中必须以"学生学为中心"，建立平等、和谐的新型师生关系，创设基于师生交往的互动互惠和对话的教学关系。这就要求教师关心学生、尊重学生，促使学生把从生活世界和心灵世界中建立的主体意识迁移到知识世界中来；相信学生，在学习上让学生自主学习、自我管理、自我教育、自我约束。随着现代化学知识的发展，教师要在短短的几年学校教育时间里把所教化学学科的全部知识传授给学生已经不可能，而且也没有这个必要。所以，教师要改变过去过于注重知识传授的倾向，学习目标要真正体现知识、能力、态度的有机整合，强调形成积极主动的学习态度，使获得基础知识与基本技能的过程同时成为学会学习和形成正确价值观的过程。在传统化学学习中，教师只重视知识的结论，忽略知识的来龙去脉，有意无意地压缩了学生对新知识学习的思维过程，而让学生去重点背诵"标准答案"。只注重知识结果的做法导致学生一知半解、似懂非懂，造成思维断层，降低了学习的有效性。所以，教师要把重点放在揭示知识形成的过程上，暴露知识的思维过程，让学生通过"感知—概括—应用"的思维过程去发现真理、掌握规律。在传统化学学习中，学案用一种模式，学习用一种方法，考试用一把尺子，评价用一种标准。这种"加工厂"般的学习模式不符合学生实际，且压抑了学生个性和创造力的培养，不利于学生进行有效学习。这就需要教师去关注、研究学生的差异，以便找到个性化学习的科学依据。如可以就同一问题情境提出不同层次的问题或开放性问题，以使不同学生得到不同发展，最终使学生获得全面发展。

重视学生学习的全面发展。在化学的学习中，要实现学生学习的全面发展，就是要培养学生的化学科学素养：了解化学科学，形成信息素养，初步学会实验探究，解决简单化学问题，形成化学科学价值观。教师可以在如下几个方面形成正确的教育教学态度和行为，促进学生学习的全面发展。一是将三维学习目标有机地整合于化学学习中。在化学学习中，知识与技能、过程与方法、情感态度与价值观的三维目标涵盖了学生化学科学素养的基本要求。教师应将三维目标真正地落实于学生的化学学习中，并依据化学学习的具体内容，力戒形式化、表面化，应将其有机地整合于化学学习中。如果不重视三维目标或三维目标在学习中被机械地割裂开来，将无法实现学生化学科学素养潜移默化地在日常的化学学习中养成。二是改变教学方式和学习方式。教师角色由原来单一的知识传授者变为组织者、引导者、促进者等；学生的学习方式由原来单纯接受式变为自主学习、探究学习和合作学习。在化学学习中，问题的设置、探究的过程、练习训练的难度和量等都应围绕这两个方式的改变进行。三是创设适宜的学习情境。学习情境的创设，不仅可以激发学生的学习兴趣，促进学生的认知活动和实践活动，还能提供丰富的学习素材，提高学习的有效性。化学与生产、生活和科技紧密相连，生活中处处涉及化学，从已有的生活经验出发和在熟悉的生活情境中感受化学，联系身边的化学以及与化学相关的社会问题创设的情境，更让学生喜欢化学。四是加强实验探究，发展探究能力。化学实验在化学学习中有很多功能，特别是能帮助学生理解和掌握化学知识、技能，启迪学生的科学思维，训练学生的科学方法，培养学生的科学态度和价值观。在化学学习中，要依据学习内容，调动学生参与探究活动的积极性；要让学生学会提出问题、猜想与假设、制订计划、实验、收集证据、解释与结论、反思与评价等的科学探究方法，发展科学探究能力。五是面向全体学生。在化学学习中要面向全体学生，在进行学习内容设计时，既要考虑待优生和学优生，更要关注学困生，要客观地承认学生的个体差异，要给每个学生提供学习机会，对学困生要投注更多的精力，采用不同的评价方式和评价标准寻找其闪光点，让每个学生都享受学习化学的乐趣，体验学习化学的成就感，发展其学习潜能。六是拓展视野，为学生的终身学习打好基础。在化学学习中，教师可结合学习内容适度介绍化学科学发展前沿，拓宽学生的视野，把教材教活。例如，可以通过让学生开展课外社会调查、查阅资料、办化学小报、组织辩论会和建立化学兴趣小组等，发展其学习化学的意识和能力，为其终身学习打下坚实的基础。

激发学生的求知欲与学习积极性。学生正处于兴趣广泛、求知欲旺盛的时期，教师如果注意激发和培养学生学习化学的兴趣，并因势利导，使学生把兴趣转化成乐趣，进而转化成志趣，那么就能保持学生对化学学习的求知欲，激发学习积极性。教师可以在如下几个方面形成正确的教育教学态度和行为，激发学生的求知欲与学习积极性。一是语言魅力。教师生动形象的语言往往使学生听得入神、想象丰富。斯维特洛夫指出："教育家最主要的、也是第一位的助手是幽默。"在学生的学习过程中巧妙运用幽默语言，可以使教师的讲课变得风趣、诙谐、幽默、睿智，能创造出一种有利于学生学习的轻松、愉快氛围。二是趣味实验。教师除了做好教材中已有的实验外，还要结合学习内容，补充一些趣味实验，使学生觉得化学知识"有趣"，学习化学是一种"乐趣"，变"要我学"为"我要学"。例如，让学生动手制作水果电池，方法：用一根铜丝和一块锌片分别插入番茄或苹果等水果中，再用导线连接电流表或音乐卡，形成闭合电路，观察电流表或音乐卡现象。通过趣味实验，使学生感受到化学与生活紧密相关，增强学生学以致用的意识和能力，提高学习化学的积极性。三是防止分化。一个学生即使兴趣再高，一旦几次被难倒，其兴趣也会大减，从而影响其求知欲和学习积极性，所以帮助学生突破难点和知识分化点来防止分化显得很重要。例如，对于化学用语中的元素符号、化学式，采取分批识记，日积月累；对于常见元素的化合价、酸碱盐溶解性等，将需要记忆的内容编成口诀来帮助学生识记；对于溶液的计算，重点授以方法，让他们多练，尽可能地帮助学生总结归纳出公式、规律；对于零碎的化学知识，教师帮助学生进行总结。这样有助于学生记忆及掌握，从而使学生的求知欲和学习积极性不减。四是课外活动。对于学习紧张的初三学生来说，丰富多彩的化学课外活动既能让学生在紧张的学习之余轻松一下，又能让学生在轻松愉快的气氛中巩固化学知识，强化化学与生活的联系，激发学习积极性。化学课外活动的内容及方式很多，有"课外小实验""调查研究""化学游戏"及"化学竞赛"等。例如，在"化学游戏"活动中，教师可组织学生通过相声、魔术及小品等形式演绎化学知识，让学生在轻松愉快的氛围中巩固所学的知识，激发学习的积极性。五是模拟学习。在学习构成物质的微粒时，看不见，摸不着，许多学生在理解上有一定的难度，难于记忆。而学生的年龄特点又决定了他们具有好奇、勇于探索的个性，乐于接受新事物，容易吸收新知识。多媒体教学软件中丰富多彩的视频图像、优美动听的音乐、色彩鲜艳的图片和生动活泼的文本文件，都是能吸引学生听、看、动手和思考问题的兴奋点，对这些因素加以综合运用，加上教师及时讲解，能大大激发学生学习的兴趣，提高学生的求知欲和学习的积极性，从而提高学习的有效性。例如，在讲到二氧化硫和二氧化氮是大气的主要污染物时，用多媒体模拟显示酸雨的形成过程和化学反应过程，向学生清楚地展示了目前我国大气污染的状况。这种适时、适度的学习过程，使学生耳目一新，开阔了学生眼界，激发了学习积极性。

营造适宜的学习氛围。学习氛围是指在学习过程中所产生的气氛，虽然这种气氛并不直接参与学习活动，却在很大程度上影响着师生教与学的情绪和效果。多德森（Y.Dodson，美）很好地概括了这一点：情绪太低沉，智力处于压抑状态；情绪太强烈，智力处于混沌状态。情绪太弱或太强都不利于智力的开发、思维的活跃和成绩的提高，情绪强度处于中等时，学习处于最佳状态。作为"教"和"学"的组织者的教师，应该努力使学生处于学习的最佳状态，也就是使学习气氛始终处于能让学生充分发挥其思维能力的最佳状态，做到活而不闹、松而不散、静而不死。那么，怎样把学习气氛调控在最佳状态来提升学习的有效性呢？一是充满激情。教师要对学生的学习倾注深厚的情感，充分发挥体态语言的情感传递功能；适度控制自己的情感，使教态自然亲切，思路灵活创新，氛围生动有趣；运用多种方法，引导学习进入能触及学生审美心理中情感功能的领域。二是注重预设。预设即设计，是指为了实现一定的学习目标，依据学习内容、学生特点和环境条件，为学生策划学习资源和活动过程。教师在预设时要以学生为本，充分考虑所教学生的认知和情绪特点，找准学生的最近发展区，突出重点、突破难点的措施得当，学习手段使用恰当，就能使学生学得轻松有趣、乐此不疲，从而营造兴趣盎然的学习氛围。三是融洽关系。在学习过程中，如果师生关系处于一种平等、信任、理解的状态，那么它所营造的和谐、愉悦的学习氛围必然会提升学习的有效性。教师心里有对学生的爱，就会真诚地关心和爱护学生，对学生的行为就会多一分理解与宽容。例如，让学生上台演示实验时，对学生的错误操作要宽容，及时为学生提供帮助，创设宽松和谐的氛围。这样，学生才会有较高的安全感和较强的自信心，养成热爱化学实验、爱观察和勤思考的好习惯，并且乐于走上讲台做实验。四是随机应变。例如，演示实验常常会因为各种原因失败或者出现意外现象。教师的"演示实验"失败时，如果教师因为慌乱而敷衍说："我们下次再做吧！"这会使学生感到失望。其实，如果实验失败的原因是无法探究的，教师可以转换话题，转移学生的注意力，调节学习气氛。教师可以略带诙谐、语重心长地说："同学们，每一次失败都意味着又向成功走近了一步，让我们期待下一次的成功吧！"这会使学生轻松一笑，也让学生知道实验失败在学习过程中是很正常的。如果实验失败的原因是学生能够探究的，教师就可以引导学生一起讨论。有一位教师在做中和反应实验时，将稀盐酸滴入氢氧化钠中，意外地发现有气泡产生。下面的同学提醒老师"是不是拿错药品了"，老师查验后确认药品没有错，这时老师注意到装有氢氧化钠的试剂瓶口有白色粉末状物质，知道是氢氧化钠变质了，老师灵机一动，便引导学生进行了以下探究。

师：大家猜猜看，瓶口的这些白色粉末可能是什么物质？

生：它能与盐酸反应产生气泡，可能是碳酸钠。

师：装氢氧化钠的试剂瓶口怎么会有碳酸钠呢？请大家帮我分析一下原因。

生：试剂瓶口不密封，空气中的二氧化碳与氢氧化钠发生反应了。

师：原来是氢氧化钠存放不当导致的，这说明氢氧化钠该如何保存？

生：密封保存。

师：还有哪些药品暴露在空气中容易变质，需要密封保存呢？

这次的实验意外，经过教师的灵活处理，变成了学生对氢氧化钠的性质与保存方法的探究。从错误中引出的正确结论，能使学生的认识更加深刻。相信有过这次经历的学生，对氢氧化钠性质的认识会更加牢固。又如，在学习过程中经常会出现一些意外情况。一些自尊心较强但因为成绩较差或其他原因而得不到老师认可的学生，往往会故意在课堂上制造一些麻烦以引起老师和同学的注意，影响学习活动的顺利进行。对于这种过于自信、自尊心强的学生，有时候使用激将法会收到很好的效果。自信心不强或自卑的学生，需要教师适时鼓励，教师一个关切的眼神、一句激励的话语、一句赞扬、一个肯定，都能激起这类学生学习的积极性。教师要细心观察这类学生的每一点进步，包括作业稍认真了些，字写得端正了些，甚至坐姿、眼神的变化，都要及时给予鼓励，让他们感受到老师在关注他们，从而激发他们的自信心，提高学习兴趣。教师的及时关注、理解和沟通能够化解一些学生的心理和行为偏差，从而预防学习过程中问题行为的发生，确保学习活动有序流畅。

在组织和引领学生开展有效学习的活动中，教师必须形成正确的教育教学态度和行为，重视学生学习的全面发展。很多化学教师觉得教师讲得少，学生能掌握的知识就少，怕教学任务完不成。其实不然，教学生学，不如教会学生学，学生掌握了学习方法才能真正实现学习的全面发展。

同样，学生的有效学习也会促进教师进一步形成正确的教育教学态度和行为，不仅仅关注学生的成绩，更重视学生学习的全面发展。在以往的教学中，我们习惯于把课本上的知识原原本本地呈现在学生面前，滴水不漏地讲给学生听，唯恐因某一点没讲到影响了学生的学习效果而造成考场失分。因此，教师被称为"教书先生"。然而，我们不妨想一想，教师"何功之有"？学生的学习被我们包办代替，使学生的大脑成了前人知识的"复印机"，学生将概念背得滚瓜烂熟，却不知道家里的油锅着火该怎么办；学生参加奥赛拿高分，却不知道科普论文怎么写。社会的发展和进步，不但需要学生有充实的知识储备，更需要他们具有创新精神和实践能力。因此，培养和促进学生的全面发展成为我们教学的主要方向。我们应把"教师—学生"这一系统从"权威—服从"的关系变成"指导—参与"的关系，将学习的过程转变成为"师生互动"的过程。学生则由被动接受、死记硬背、机械训练的现状转变为主动参与、乐于探究、勤于动手。教师则应注重培养学生搜集和处理信息的能力、获取新知识的能力、分析和解决问题的能力以及交流与合作的能力。

在组织和引领学生开展有效学习的活动中，教师必须形成正确的教育教学态度和行为，激发学生的求知欲与学习积极性。建构主义认为，学习不是由教师向学生传递知识，而是学生构建自己的知识体系的过程，学生不是被动的信息吸收者，而是需要主动地构建信息，这种构建不可能由他人代替。从心理学角度看，教师讲得越详尽，学生的心智就越会处在一种懒惰状态。本案例中的教师充分利用教材中的"留白"，给学生留下思考的广阔天空，以达到让学生多思多想的效果。这样的学习才能让学生在体验中主动建构知识，这才是真正有效的学习。

同样，学生的有效学习也会促进教师进一步形成正确的教育教学态度和行为，想方设法地激发学生的求知欲与学习积极性。首先，教师不仅会充分利用课本中的"留白"，还会多寻找和设计这样的"留白"。给学生多些"留白"，思维的翅膀才会飞得更有力，创新的幼苗才会长得更健壮。其次，渗透学习，留住学生的积极性。很多化学老师都试图在最短的时间里传递给学生最多的化学知识，还称之为"提高时间的利用率"，在很短的时间内把某个抽象难懂的问题讲深、讲透，或者在尽可能短的时间内将知识的概貌介绍给学生，然后急于进行训练。这样做实际上全然不顾学生的承受情况，压缩了学生的思维过程和探究获取知识的过程，没有给学生足够的时间去完成内化的操作，导致的结果是学生难以消化和吸收，使学习的有效性大打折扣。那么，我们怎样让学生既能获得越来越多的新知识又能维持学习的积极性呢？苏霍姆林斯基（V.A.Sukhomlingsy，苏联）说得好："当课堂上所讲的教材既含有一定"份额"的已知东西，又含有一定"份额"的新东西时，才能唤起建立在思维本质上的稳定兴趣。"这可称为知识的渗透，在渗透过程中，能形成一种熟悉的陌生，学生觉得将要学习的知识并不陌生，有亲切感，增强了学习的自信心，更激发了学生学习的积极性，有利于学生更深入学习，从而提高学生学习的有效性。为了提高学生学习的有效性，化学教师就应该逐渐学会把化学知识一点一点地渗透给学生，就像蜘蛛结网一样，循序渐进、由小到大织成一张越来越大的化学知识网，而不是把知识揉成结实的团硬塞给学生，造成不理解的知识的堆积，使学生产生厌倦心理，教师要让学生在渗透中猎取知识，并逐渐把知识延伸到无穷远。

在组织和引导学生开展有效的学习活动中，教师必须形成正确的教育教学态度和行为，这样才能营造一种轻松愉快的氛围，学生学得开心，教师也教得身心愉悦，真正达到了学生有效学习的目的。本案例中的教师善于捕捉学生在学习过程中的反应和变化，并能根据新的情况迅速做出反应，采取果断措施，及时对学习方法、学习容量和学习环节进行调整，将学习内容巧妙地与课堂的学习氛围相联系，形成情境交融之势，在保持良好的学习氛围的同时，使学习活动始终不偏离学习目标，从而保证了学习的有效性。

同样，学生的有效学习也会促进教师进一步形成正确的教育教学态度和行为，积极营造适宜的学习氛围。为了提升学习的有效性，可以从以下几个方面进行学习氛围的创设。一是创设问题型学习氛围。这种氛围创设的目的就是要让学生产生一种可以察觉到但又无法触及核心的一种心理困境，引导学生使用所学的知识去发现、探究和解决相关的问题，从而激发学生的探究积极性和学习主动性。二是创设生活型学习氛围。着眼于通过学生身边熟悉的东西以及日常生活经验来创设相关学习氛围，引导学生去主动发现身边日常生活中的化学现象，真正将化学学习与生活实际相融合，强化学生对生活的全面认识和深刻理解，同时还让学生在问题解决的过程中认识化学知识的社会价值和意义。三是创设历史型学习氛围。教师介绍与化学知识有关的历史知识，让学生对化学知识的产生和发展过程有清晰的把握，进而勾起学生的求知欲，重新认识化学在推动人类社会进步方面扮演的重要角色，全面促进学生知识、技能以及科学素养的发展。四是创设实验型学习氛围。化学实验能够有效地将具体化学知识客观地展示和呈现，有效激发学生感官，促进学生发展。特别是那些能够引发学生认知冲突和矛盾的化学实验现象，能够非常有效地激发学生的探知欲望。五是创设旧知型学习氛围。学生的学习属于一个新旧知识互相影响和作用的过程，BP 理论上所谓的学习迁移，一般是学生运用所学知识和技能去探索和获取新的知识和技能的过程。所以，架构于学生原有知识体系之上的学习氛围，能够很自然地让学生进入新知识的探究世界中去。

第七章　新时期高中化学的教学评价体系

第一节　正确评价观的树立

一、新课程提出的教育评价的改革重点

新课程评价对课程的实施起着重要的导向和质量监控的作用。评价的目的功能、评价的目标体系和评价的方式方法等各方面都直接影响着课程培养目标的实现，影响着课程功能的转向与落实。20 世纪 80 年代，世界各国对课程的结构、功能、资源、权利等各个方面重新进行思考和定位，在开展一系列轰轰烈烈的课程改革的同时，越来越多的国家开始意识到实现课程变革的必要条件之一就是要建立与之相适应的评价体系和评价工作模式。因此，课程评价改革成为世界各国课程改革的重要组成部分。

总的来说，新课程教育评价体现出以下特点：重视发展，淡化甄别与选拔，实现评价功能的转化；重视综合评价，关注个体差异，实现评价指标的多元化；强调质性评价，定性与定量相结合，实现评价方法的多样化；强调参与互动、自评与他评相结合，实现评价主体的多元化；注重过程，终结性评价与形成性评价相结合，实现评价重心的转移。

（一）学生评价改革的重点

高中新课程强调改变过于注重知识传授的倾向，强调形成积极主动的学习态度，使获得基础知识和基本技能的过程同时成为学生学会学习和形成正确价值观的过程。因此，对学生的评价不仅要关注学生的学业成绩，而且要注重发现和发展学生多方面的潜能，了解学生发展中的需求。基于这一考虑，学校制定的学生学习目标应包括学科学习目标和一般性发展目标两个方面，具体而言包括：建立促进学生全面发展的评价体系；重视课程评价方式方法的灵活性、开放性和多元性；考试新方法的探讨。

1.建立促进学生全面发展的评价体系

高中新课程评价不仅要关注学生的学业成绩，而且要发现和发展学生多方面的潜能，为学生的个性化发展提供依据和支持。所以，高中新课程评价在学生发展方面的指标体系

包括学生的学科学习目标、一般性发展目标和个性化发展目标。

2. 重视课程评价方式方法的灵活性、开放性和多元化

不能仅仅依靠纸笔考试作为收集学生发展证据的手段。要关注过程性评价，及时发现学生发展中的需要。帮助学生认识自我、建立自信，激发其内在发展的动力，从而促进学生在原有的水平上获得发展，实现个体价值。

3. 考试新方法的探讨

考试只是学生学业成绩评价的一种方式，要将考试和其他评价的方法有机结合起来，全面描述学生发展的状况。改变纸笔测验是考试的唯一手段，应根据考试的目的、性质、对象等，选择灵活多样的考试方法，加强对学生能力和素质的考查。改变过分注重分数、简单地以考试结果对学生进行分类的做法，应对考试结果做出分析、说明和建议，形成激励性的改进意见或建议，促进学生发展，减轻学生压力。

（二）教师评价改革的重点

高中新课程的评价要建立起促进教师不断提高的评价体系，强调教师对自己教学行为的分析与反思，建立以教师自评为主，校长、教师、学生、家长共同参与的评价制度，使教师从多种渠道获得信息，不断提高教学水平。

第一，打破唯学生学业成绩论教师工作业绩的传统做法，建立促进教师不断提高的评价指标体系。这一指标体系包括教师的职业道德、对学生的了解和尊重、教学实施与设计以及交流与反思等。一方面，以学生全面发展的状况来评价教师工作业绩；另一方面，关注教师的专长成长与需要。这是促进教师不断提高的基础。

第二，强调以自评的方式促进教师教育教学反思能力的提高，倡导建立教师、学生、家长和管理者共同参与的、体现多渠道信息反馈的教师评价制度。一方面，通过评价主体的扩展，加强了对教师工作的管理和监控；另一方面，旨在发展教师的自我监控与反思能力，重视教师在自我教育和自我发展中的主体地位。此外，教师的自评与奖惩要脱钩。

第三，打破关注教师的行为表现、忽视学生参与学习过程的传统课堂教学评价模式，建立"以学论教"的发展性课堂教学评价模式。即课堂教学评价的关注点转向学生在课堂上的行为表现、情绪体验、过程参与、知识获得与交流合作等诸多方面，而不仅仅是教师在教学过程中的具体表现，使"教师的教"真正服务于"学生的学"。这一转变对教师教学能力的重新界定、学校教学工作的管理无疑将带来巨大的冲击。

（三）考试的改革重点

第一，在考试内容方面，应加强与社会实际和学生生活经验的联系，重视考查学生分析问题、解决问题的能力。即关注学生动手能力和创新思维的发展，淡化记忆性内容为主的考试；传统的考试多以答案唯一的记忆性、技巧性或速度性的内容为主，而近年来学情

则是，学生能够背诵概念、公式，并不等于真正理解了；而当学生能够正确应用知识解决问题时，即使不能完整复述或背诵其定义，也意味着真正理解并掌握了。鉴于此，新课程倡导在考试内容方面，少考一些名词解释、少考一些计算速度、少考一些计算技巧方面的内容，而多考一些与生活实际问题相关联的、能体现综合利用的、需要创新思维的内容，以反映学生真正理解的状况。考试命题应依据课程标准，杜绝设置偏题、怪题的现象。考试内容的这一变革将使传统的题海战术、大量练习这种通过增强技巧的熟练性和速度、提高记忆的准确性来换取高分的教学方式，受到前所未有的挑战。它要求教师必须打破这种陈旧的教育观念和教学策略，调整自己的教育教学行为，关注学生作为人的发展，关注学生综合素质的发展，关注学生的全面发展。

第二，在考试方式方面，倡导给予多次机会，综合应用多种方法，打破唯纸笔测验的传统做法。传统的考试以纸笔考试为主，这只是考试的一种方式，它无法适应考试内容方面日益重实践、重创新等的变化。比如，学生的实践动手能力，就不是单凭一张考卷就能体现说明的，它需要实际的环境加以操作，才能较好地做出评价。因此，新课程倡导考试方式灵活多样，应体现先进的评价思想，如自考、编制试卷、辩论、课题研究、写论文、制做作品、特长或任务表演、情境测验等，再就是在非毕业、升学的考试中鼓励采用开卷考试的方式，在综合应用中考查学生的发展状况。同时试行提供多次考试机会，同一考试也可以多样化呈现，给予学生选择的空间：学生可以选择在什么时间、以什么方式、接受哪一个级别的考试。考试还可以分类、分项进行，考试的方式应灵活多样，同时体现学生生动、活泼、主动发展的需要，单是如何适应和参加这种开放、动态的考试就对学生提出了超出知识技能范畴的其他素质的要求。可见，考试方式的变革同样给传统教育方式带来了巨大的冲击，传统的那种一味追求分数的"只见分不见人"的教育观念和教育方式下产生的学生，将无法适应这种灵活多样、开放的、动态的考试方式。

第三，在考试结果处理方面，要求做出具体的分析指导，不得公布学生成绩并按考试成绩排名。考试和其他评价方法一样，是为了促进学生的发展。因此，对考试结果的处理应加强分析指导，重在为学生提出建设性的意见，而不应该成为给学生加压的手段。所以应该根据考试的目的，灵活选择考试结果的处理方式，如公开反馈还是匿名反馈，完全反馈还是不完全反馈，群体参照反馈还是个体参照反馈等。学生有权决定如何公布学习成绩，学校和教师应尊重学生的权利，关注学生的处境和发展中的需要，保护学生的自尊、自信，认真思考，谨慎选择，以激励为主的方式对考试的结果进行反馈，促进学生在原有水平上的发展。

第四，关于升学考试与招生制度，倡导改变将分数简单相加作为唯一录取标准的做法，应考虑学生综合素质的发展，建议参考其他评价结果（如学校推荐性评语、特长、成长记录袋等），将形成性评价与终结性考试结合起来。

考试改革并不能解决课程改革中的所有问题，也不是课程改革成败的决定因素。真正影响和解决课程改革所有问题的关键是观念，是建立符合时代发展要求的新课程观、教育观、质量观、学生发展观和教师观等，而不是某种方法和技术。

二、发展性学生评价的基本特点

建立促进学生全面发展的评价体系。评价不仅要关注学生的学业成绩，而且要发现和发展学生多方面的潜能，了解学生发展中的需求，帮助学生认识自我、建立自信。发挥评价的教育功能，促进学生在原有水平上发展。高中新课程评价中，建立促进学生全面发展的评价体系是课程评价改革的重中之重。

"为了每一位学生的发展"是新一轮课程改革的核心理念。"促进每一位学生的发展"是我们应当确立的评价核心理念。

第一，发展性学生评价应基于一定的培养目标，并在实施中制定明确、具体的阶段性发展目标。

实施学生评价首先需要有一个评价目标，只有有了评价目标，才能确定评价的内容和方法。学生的发展也需要目标，这个目标是学生发展的方向和依据。在传统教育评价中，这两个目标常常出现背离的情况。而发展性学生评价强调这两个目标的一致性，强调评价目标应基于一定的培养目标。

第二，发展性学生评价的根本目的是促进学生达到目标，而不是检查和评比。发展性学生评价所追求的不是给学生下一个精确的结论，更不是给学生一个等级或分数并与他人比较、排队，而是要通过对学生过去和现在状态的了解，分析学生存在的优势和不足，并在此基础之上提出具体的改进建议，促进学生在原有水平上的提高，逐步达到基础教育培养目标的要求。

第三，发展性学生评价注重过程。发展性学生评价强调在学生发展过程中对学生发展全过程的不断关注，而不只是在学生发展过程终了时对学生发展的结果进行评价。它既重视学生的现在，也要考虑学生的过去，更着眼于学生的未来。因此，发展性学生评价重视形成性评价的作用，强调通过在学生发展的各个环节具体关注学生的发展来促进他们的发展。

第四，发展性学生评价关注学生发展的全面性。知识与技能、过程与方法、情感态度与价值观等各个方面都是发展性学生评价的内容，并且受到同等的重视。在评价学生参与探索性活动的程度和水平时，评价的重点不在于检查学生记忆的准确性和使用技能的熟练程度，而在于学生的观察、调查、实验、讨论、解决问题等活动的质量，在于学生在活动中表现出来的兴趣、好奇心、投入程度、合作态度、意志、毅力和探索精神，在于学生在化学学习中所形成的热爱祖国的情感和行为、关心和爱护人类的意识和行为、对社会和自然的责任感，以及学生对化学学习与现实生活的密切联系和化学的应用价值的深刻体会。

第五，发展性学生评价倡导评价方法的多元化。要改变单纯通过书面测验和考试检查学生对知识、技能掌握的情况，倡导运用多种评价方法、评价手段和评价工具综合评价学生在情感、态度、价值观、创新意识和实践能力等方面的进步和变化。这意味着，评价学生将不再只有一把"尺子"而是多把"尺子"，教育评价"一卷定高低"的局面将被打破。实践证明，多一把"尺子"就多一批好学生。只有实现评价方式的多元化，才能使每个学生都有机会成为优秀者，才能促进学生综合素质的全面发展。

第六，发展性学生评价关注个体差异。学生的差异不仅表现在学业成绩的差异上，还表现在生理特点、心理特点、动机兴趣、爱好特长等各个方面。这使得每一个学生的发展目标以及发展速度和轨迹都呈现出一定的独特性。发展性评价正是强调要关注学生的个别差异，建立因材施教的评价体系。每一个学生都是不同的个体，不同的人要用不同的方法来对待。

第七，发展性学生评价注重学生本人在评价中的作用。传统的教育评价，片面强调和追求学业成绩的精确化和客观化，忽视了学生的主体性，往往使学生的自评变得无足轻重。发展性学生评价试图改变过去学生一味被动接受评判的状况，发挥学生在评价中的主体作用。具体来说，在制定评价内容和评价标准时，教师应更多地听取学生的意见；在评价资料的收集中，学生应发挥更积极的作用；在得出评价结论时，教师也应鼓励学生积极开展自评和互评，通过"协商"达成评价结论；在反馈评价信息时，教师更要与学生密切合作，共同制定改进措施。总之，通过学生对评价过程的全面参与，使评价过程成为促进学生反思、加强评价与教学相结合的过程，成为学生自我认识、自我评价、自我激励、自我调整等自我教育能力不断提高的过程，成为学生与人合作的意识和技能不断增强的过程。

三、课程评价的价值取向

第一，目标取向的课程评价。这种观点的主要代表人物是被称为"现代评价理论之父"的泰勒（R.Rylor，美）及其学生布卢姆（B.S.Bloom，美）等人，他们认为课程评价是将课程计划和预定课程目标相对照的过程。在这里，预定目标是评价的唯一标准，它追求评价的科学性与客观性，因而，这种取向的评价的基本方法论就是量化研究方法，并常常将预定目标以行为目标的方式来陈述。

第二，过程取向的课程评价。这种评价试图将教师和学生在课程开发、实施以及教学过程中的全部情况都纳入评价的范围之内，强调评价者与具体情境的交互作用，主张不论是否与预定目标相符，与教育价值相关的结果，都应当受到评价。

第三，主体取向的课程评价。这种观点认为课程评价是评价者与被评价者、教师与学生共同建构意义的过程。

四、课程评价的发展趋势

第一，既重视学生在评价中的个性化反应方式，又倡导让学生在评价中学会合作。
第二，以质性评价整合或取代量化评价。
第三，强调评价问题的真实性与情境性。
第四，评价不仅重视学生解决问题的结论，而且重视得出结论的过程。

第五，不断完善评价方式，重视采用灵活多样、具有开放性的质性评价方法。

五、新课改下的课程评价

第一，在指导思想上：要突出评价的发展性功能和激励性功能，重视对学生学习潜能的评价，立足于促进学生的学习和充分发展，为适合学生的教育创造有利的支撑环境。

第二，在评价的主体上：调动学生主动参与评价的积极性，改变评价主体的单一性；建立由学生、家长、社会、学校和教师等共同参与的评价机制。

第三，在评价的方法上：一是由终结性评价发展为形成性评价，实行多次评价和随时性评价、档案袋式评价等方式，突出过程性；二是由定量评价发展到定量和定性相结合的评价，不仅关注学生的分数，更要看学生学习的动机、行为习惯、意志品质等；三是由相对评价发展到个人内差异评价。相对评价是通过个体的成绩与同一团体的平均成绩相比较，从而确定其成绩的适当等级的表示方法，也被称作常模参照评价，这是我们最常用的评价方法。这种评价缺乏对于个人努力状况和进步程度的适当评价，不利于肯定学生个体的成绩。个人内差异评价是对学生个体同一学科内的不同方面或不同学科之间成绩与能力差异的横向比较和评价，以及对个体两个或多个时刻内的成就表现出的前后纵向评价，这种评价可以为教师全面了解学生提供准确和动态的依据，也可以使学生更清晰地掌握自己的实际情况，利于激发他们学习的动力、挖掘学习潜能、改进学习策略等；四是由绝对性评价发展到差异性评价。绝对评价是对学生是否达到了目标的要求或"达标"的程度所做出的评价，也被称为"标准参照评价"。这种评价过于重视统一性，忽视了评价的差异性和层次性。我们提倡对不同的学生采用不同的评价标准和方法，以促进所有的学生都在"最近发展区"上获得充分的发展。

第二节　评价的目的与方法

高中化学课程评价既要促进全体高中学生在科学素养各个方面的共同发展，又要有利于高中学生的个性发展。积极倡导评价目标多元化和评价方式的多样化，坚持终结性评价与过程性评价相结合、定性评价与定量评价相结合、学生自评互评与他人评价相结合，努力将评价贯穿于化学学习的全过程。

一、评价目标多元化

评价的基本功能是诊断与甄别、促进与发展、调整与管理，但核心是依据并服务于课程标准和目标，评价目标与课程目标具有很强的对应性。因此，课程目标的多元化决定了评价目标的多元化。评价目标多元化主要表现在评价目标内容的多元化和评价目标要求的多元化两个方面。

（一）评价目标内容的多元化

高中化学课程目标将促进学生科学素养的全面发展作为化学教学的根本宗旨。由此决定了新的评价将不再仅仅评价学生对化学知识的掌握情况，而是更加重视对学生科学探究的意识和能力、情感态度与价值观等方面的评价。因此，评价目标的内容包括知识与技能、过程与方法、情感态度与价值观这三个方面的内容。从学生的成长上看，评价目标内容包括认知性学习目标领域、技能性学习目标领域、体验性学习目标领域。

（二）评价目标要求的多元化

由于高中学生的发展方向不完全相同，课程内容的学习各异，学生所选择的课程模块不同，没有必要也不可能对所有高中学生采用相同的化学学习要求。因此，对具有不同发展趋向的学生要采用不同的评价要求，以利于促进他们的发展。

二、评价方式多样化

由于课程评价目标的多元化，对不同的课程目标不能采用相同的评价方式，如情感态度与价值观不可能完全通过纸笔测验来进行评价。每一种评价方式对不同的领域各有其评价的优点和不足，没有一种评价方式对学生各个领域的评价都是最优化的评价。因此，评价目标的多元化势必带来评价方式的多样化。课程标准在对评价方式多样化的要求中，主要有以下几种方式：纸笔测验、学习档案评价、活动表现评价等。

（一）纸笔测验的更新

纸笔测验是一种重要而有效的评价方式。在高中教学中运用纸笔测验，重点应放在考查学生对化学基本概念、基本原理以及化学、技术与社会的相互关系的认识和理解上，而不宜放在对知识的记忆和重现上；应重视考查学生综合运用所学知识、技能和方法分析和解决问题的能力，而不单是强化解答习题的技能；应注意选择具有真实情境的综合性、开放性的问题，而不宜孤立地对基础知识和基本技能进行测试。

纸笔测验是常用的评价方式，是以学生认知领域为主要考查内容的。新课程的纸笔测验注重考查学生解决实际问题的能力，既要评价学生对化学知识的掌握情况，又要关注学生对化学现象和有关科学问题的理解与认识的发展情况，而不再纠缠对概念、名词、术语和具体细节事实的记忆背诵，更加重视学生应用所学的化学知识分析和解决实际问题能力的考查和评价。在进行纸笔测验时要注意以下两个方面。

第一，在评价学生对化学知识的掌握情况时要注意测验试题设计的层次性。学生对化学知识的学习过程和对学生学习情况的检测要求，由低到高可分为三个层次：陈述性知识、程序性知识和探索性知识。

陈述性知识：解决"是什么"——"知其然"的问题。认知水平为说出、识别、描述等，知识的形态为表层化的知识。如不同的碱金属与水反应的程度不同，钠、钾化学性质、反应方程式的书写和反应的现象描述等。

程序性知识：解决"为什么"——"知其所以然"的问题。认知水平主要为理解、解释、说明、转化、分析、解析和推断等。知识的形态为内化的知识，如不同的碱金属与水反应的程度为什么不同？从原子结构、元素的金属性、单质的还原性角度进行分析。

探索性知识：运用相关知识（某一学科或几个学科的知识）分析解决现实的新情境问题。解决"怎么办"和"如何做"的问题。认知水平为应用、设计、评价、解决、证明等。知识的形态为升华的知识。例如，用什么样的实验能说明碱金属单质的化学活性（还原性）自上而下逐渐增强？在历史上金属的发现和使用为什么按照金、银、铜、铁的顺序排列？为什么铝、镁、钠的广泛使用只有 100 多年的历史？

只有当学生能将不同的碱金属与水反应程度不同的反应事实内化成与单质的化学活性（还原性）相联系，并能转化成一种化学的实验方法和思考方法——用同一氧化剂与不同还原剂反应，根据反应的剧烈程度不同来判断还原剂的强弱；金属的活动性强弱与金属的冶炼难易程度有关，而冶炼技术的提高与生产力水平、化学工艺水平的发展直接相关时，这一知识内容才得到了升华。要克服纸笔测验只注重陈述性知识、忽视程序性知识和探索性知识的倾向。

第二，纸笔测验要通过实际情境的综合性和开放性问题来考查，既了解学生掌握有关知识、技能和方法的程度，又突出对学生解决实际问题能力的有效考查，还应重视对学生科学探究能力、情感态度与价值观等方面的评价。

（二）学习档案评价的建立

学习档案评价是促进学生发展的一种有效的评价方式。应培养学生自主选择和收集学习档案内容的习惯，给他们表现自己学习进步的机会。学生在学习档案中可收录自己参加活动的重要资料，例如，实验设计方案、探究活动的过程记录、单元知识总结、疑难问题及其解答、有关的学习信息和资料、学习方法和策略的总结、自我评价和他人评价的结果等。要进行学生档案评价就必须确定学生档案袋的评价内容和评价需要注意的问题。

1. 学生档案袋的评价内容

学生档案袋有多种形式，按照建立档案袋的对象可以分为学生自己建立的档案袋和教师为学生评价建立的档案袋两类，后者包括前者的所有内容；按照学习的时限可以分为学年学习档案、学期学习档案和单元学习档案。

教师为学生建立评价档案袋的目的是收集和分析反映学生学习情况的数据和证据，在制作学生学习档案袋时，需要经常问这样的问题：为了展现学生真正理解的情况，应包含哪些东西？

2.档案评价需要注意的问题

教师要对收集到的数据和证据进行分析，形成一个对学生学习情况的分析报告，客观地描述学生当前的学习情况。在评价过程中需要注意以下问题：应选取具有典型性、针对性的数据和材料进行分析；应对各种测评手段的数据进行综合分析，以全面描述学生的发展情况；如果有纵向的数据，则应包括纵向分析；如果可以获得其他组（班级、年级、学校）的对比数据，则应通过横向比较来分析学生的发展情况。

（三）活动表现评价要注重过程

活动表现评价是一种值得倡导的评价方式。这种评价是在学生完成一系列任务（如实验、辩论、调查、设计等）的过程中进行的。它通过观察、记录和分析学生在各项学习活动中的表现，对学生的参与意识、合作精神、实验操作技能、探究能力、分析问题的思路、知识的理解和应用水平以及表达交流技能等进行评价。活动表现评价的对象可以是个人或团体，评价的内容既包括学生的活动过程又包括学生的活动结果。

活动表现评价要有明确的评价目标，应体现综合性、实践性和开放性，力求在真实的活动情境和过程中对学生在知识与技能、过程与方法、情感态度与价值观等方面的进步与发展进行全面的评价。

1.活动表现评价与传统认知评价的比较

活动表现评价是建立在对传统的纸笔测验进行批判的基础上的。传统的纸笔测验评价方法的不足有：测验内容关注低水平知识、孤立的内容与技能；测验仅测出结果，没有考虑学习者的思维与问题解决的技能；客观选择题比例高，不能测量出学习者在真实世界中的应用理解能力。

与传统的纸笔测验相比，活动表现评价的优点为：涉及较高水平的思维与问题解决能力；可促使所获得的知识和能力在实际中的应用；让学生力求表现出创造、设计能力。

2.活动表现评价案例设计

活动表现评价是用来评估学生完成任务的过程、结果和产品的质量体系。它将学习与活动结合起来，使学生在活动中培养综合能力和科学素养，同时对学生进行综合评价。这种评价要求学生实际完成某种任务或一系列任务，例如，编故事、演讲、做实验、操作仪器、辩论、调查、实验设计、制作概念图等，从中表现出他们在理解与技能上的成就。这种评价的根本特点是力求在真实的活动情境中测量出学生的行为表现。因此，活动表现评价的设计力求反映在活动过程中学生的所想、所做与课程目标要求的差异。

第三节　课堂教学评价策略

一、化学课堂教学评价应遵循的原则

（一）新课程课堂评价的误区

课堂教学改革是新课程实施的关键。可以这样说，新课程实施的成败取决于课堂教学改革的速度和程度。如果在课堂教学中，教师的教学观念、教学行为习以为常，学生的学习方式依然如故，那么课程改革必将流于形式。在新课程课堂教学评价的理念上，评价者要与上课教师一样，认真领会新课程标准的精神，做课改的指导者和促进者。然而，在新课程改革的课堂评价中，却存在一些误区。

面对笼统的新课程标准的内容、家长的需求和考试的压力，教师们心中没有底，但是还必须大胆地去尝试、去摸索，以此丰富新课程标准的内容，推动教学改革的深入。在探索的过程中，任何教师都难免会出现这样那样的错误，在新课程标准指导下的课堂评价，既要本着帮助教师提高水平的初衷，又要用发展的眼光看待教师，保护教师的课程改革积极性，这样才能真正达到评价课堂教学的目的。

在具体的课堂教学评价过程中，主要存在以下评价误区。

1. 用老眼光看新课堂

上课者观念变了，就要努力探索新课标、实践新课标，而评价者的思想观念却没有多大转变，还停留在传统的评价观念上，意识中仍然抱定"教师中心"这一观念，这势必给上课者的改革实践带来消极影响。

2. 把教师和学生都看得过高，脱离实际

在评课过程中，评价者过高估计教师和学生的水平，潜意识认为教师的教改课堂应该是十全十美的，学生的理解应该很到位。如果教师在课堂上出了一点差错，就是一堂失败的课；如果学生回答问题不到位，就是教师引导不得力。其实，许多教师都是第一次接触新课标和新教材，即使领悟了改革的精神，但是在具体操作中仍会出现把握不住的情况；而学生自主学习得出的答案也不一定准确、深刻，甚至只是说到问题的皮毛。

3. 只看表面热闹，不重实效

一直以来，气氛热烈的课堂是上课成功的标志之一。只要学生举手了、讲了、讨论